KB115656

여기는 동행 관세사무소
서초 캠퍼스입니다

여기는 동행 관세사무소 서초 캠퍼스입니다

발행일	2023년 7월 3일

지은이	김상균		
펴낸이	손형국		
펴낸곳	(주)북랩		
편집인	선일영	편집	정두철, 배진용, 윤용민, 김부경, 김다빈
디자인	이현수, 김민하, 김영주, 안유경	제작	박기성, 구성우, 변성주, 배상진
마케팅	김회란, 박진관		
출판등록	2004. 12. 1(제2012-000051호)		
주소	서울특별시 금천구 가산디지털 1로 168, 우림라이온스밸리 B동 B113~114호, C동 B101호		
홈페이지	www.book.co.kr		
전화번호	(02)2026-5777	팩스	(02)3159-9637

ISBN   979-11-6836-965-8 03320 (종이책)   979-11-6836-966-5 05320 (전자책)

잘못된 책은 구입한 곳에서 교환해드립니다.
이 책은 저작권법에 따라 보호받는 저작물이므로 무단 전재와 복제를 금합니다.
이 책은 (주)북랩이 보유한 리코 장비로 인쇄되었습니다.

(주)북랩 성공출판의 파트너

북랩 홈페이지와 패밀리 사이트에서 다양한 출판 솔루션을 만나 보세요!

홈페이지 book.co.kr • **블로그** blog.naver.com/essaybook • **출판문의** book@book.co.kr

작가 연락처 문의 ▸ ask.book.co.kr

작가 연락처는 개인정보이므로 북랩에서 알려드릴 수 없습니다.

여기는 동행 관세사무소
서초 캠퍼스입니다

김상균 지음

생활 속 관세&무역 이야기
그리고 관세사가 실제 쓴 의견서 2

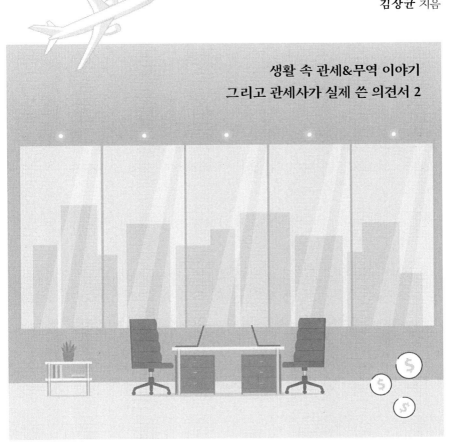

북랩

〰〰〰〰〰〰〰〰〰〰〰〰〰〰〰〰〰〰〰〰

　　　　　　제 인생에서 저자(著者)의 역할은 없는 줄 알았으나 첫 번째 저서인『관세사무소에서 희망을 찾다』, 두 번째 저서인『저의 직업은 관세사입니다』에 이어 본서『여기는 동행 관세사무소 서초 캠퍼스입니다』가 세상에 나왔습니다. 생각을 글로 전환하는 습성이 생긴 것 같습니다.

　본서는 직전 책『저의 직업은 관세사입니다』의 Season 2입니다. 이 책의 부제인 '생활 속 관세&무역 이야기 그리고 관세사가 실제 쓴 의견서 2'에서 암시하듯이 저의 교육 방식인 관세&무역 사례 콘텐츠를 모아 생활 속 관세&무역 이야기와 동행 관세사무소에서 실제 쓴 의견서를 직전 책『저의 직업은 관세사입니다』에 이어 추가 구성하였습니다.

　사실 본서는 저의 첫 번째 저서인『관세사무소에서 희망을 찾다』의 Season 2가 될 예정이었습니다. 즉 2018년 2월 1일 동행 관세사무소의 설립 이후 2023년 개업 6년 차의 관세사무소의 성공담이 아닌 지난 5년간의 사무소 운영 그리고 영업 방법 등에 대한 좌충우돌 이야기인『관세사무소에서 희망을 찾다』그 이후 이야기를 작성할 예정이었습니다. 그런데 도중에 제목과 내용이 변경되었습니다. 변경된 이유는 많은 분들이『저의 직업은 관세사입니다』에 대한 소감을 말씀하여 주셨고 우선 동행 관세사무소와 저의 노하우 내용을 더 많이 보여드리는 것이 동행 관세사무소의 경영방침 세 번째 '더 나아가 사회와 동행하겠습니다.' 취지에 부합한다고 생각하였습니다. 추후에 기회가 된다면『관세사무소에서 희망을 찾다』그 이후 이야기를 출판하고 싶습니다.

본서는 직전 책『저의 직업은 관세사입니다』의 Season 2이기에 구성이 직전 책의 구성과 동일합니다. 다시 언급하겠습니다. 본서는 크게 2장으로 구성되어 있습니다. 제1장은 저의 교육 방식인 관세&무역 사례 콘텐츠를 모아 생활 속 관세&무역 이야기로 구성하였습니다. 제2장은 동행 관세사무소에서 고객에게 실제 쓴 의견서로 구성하였습니다. 교육방식은 피교육자분들이 꾸벅꾸벅 조는 모습에 이렇게 교육을 해서는 안 되겠구나 생각해서 연구한 것입니다. 흔히 영어 회화를 할 때 어려운 단어를 사용하는 대신 쉬운 단어를 사용하여 의사소통의 목적을 이루는 것이 영어 회화를 잘하는 것이라고 합니다. 관세사는 관세법, 환급특례법, 대외무역법, 외국환거래법, FTA 특례법 등 그리고 관련 시행령, 시행규칙, 고시 등을 다루는 직업입니다. 법 등의 내용을 어렵고 딱딱하게 고객에게 전달한다고 고객이 관세사를 유식(有識)하게 본다고 생각하지 않습니다. 관세사가 실제 쓴 의견서는 업체가 알아야 할 업무에 대하여 정리하여 드리고 업체가 보고하여야 할 부분을 도와드리기 위하여 작성한 것입니다. 제시되는 의견서의 분야별 샘플은 가급적 업체의 난해한 질의가 아닌 보편적인 질의에 대한 의견서로 제시하였습니다. 업체의 상호, 경영정보 등은 삭제하였습니다. 작성 시기에 따라 현재 법률과 맞지 않는 부분이 있을 수 있습니다. 의견서의 모든 내용은 일반적인 정보 제공을 위한 것일 뿐이며 유권해석이 아닙니다.

생활 속 관세&무역 이야기와 관세사가 실제 쓴 의견서는 관세&무역에 관심 있는 학생, 일반인부터 수출입 업체 업무 담당자 그리고 관세사 등까지 관세&무역을 바라보는 시각을 달리하고 업무의 귀감이 되고자 책을 쓰게 되었습니다.

본서의 내용은 한국무역을 이끄는 동행 관세사무소의 많은 업체와 담당자분들의 질문으로 만들어진 것입니다. 귀사와 귀하가 당해 업계와 업종에서 최고의 리더가 될 수 있도록 변함없이 옆에 있겠습니다. 존경과 감사를 표합니다. 많은 기업이 만족하는 강한 관세사무소입니다. 그 이야기를 다시 시작합니다. 여기는 동행 관세사무소 서초 캠퍼스(Campus)입니다.

2023년 7월
김상균

차 례

CHAPTER 1 | 생활 속 관세&무역 이야기 2

CHAPTER 2 │ 관세사가 실제 쓴 의견서 2

CHAPTER

1

생활 속 관세&무역 이야기 2

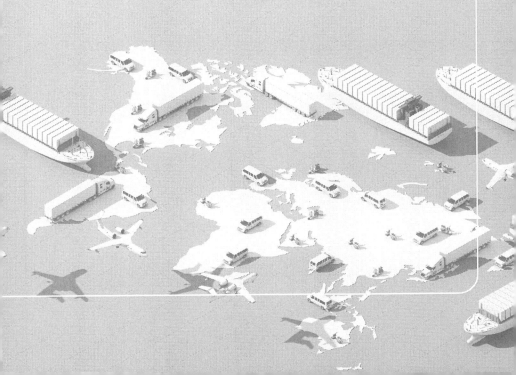

딱딱한 법 조항을 설명할 때 그림이나 사진을 사용하여 이야기를 만들어 설명합니다. 법 조항에 이야기를 만들어 생명을 불어넣는 것이 쉬운 작업은 아닙니다. 관세&무역의 초급자 대상을 위한 교육 또는 관세&무역 교육의 소개 부분에 이와 같은 방식을 사용하면 교육 집중을 높이며 교육이 아닌 이야기의 장(場)이 됩니다. 실제로 이러한 독특한 교육 방식으로 수출입 업체뿐만 아니라 협회, 대학교, 고등학교 및 중학교 등에서 교육 요청이 많이 들어옵니다. 작성 시기에 따라 현재 법률과 맞지 않는 부분이 있을 수 있습니다. 모든 내용은 일반적인 정보 제공을 위한 것일 뿐이며 유권해석이 아닙니다.

그동안 많은 교육을 진행하였습니다. 수출입 업체뿐만 아니라 협회, 대학교, 고등학교 및 중학교 등에서 교육을 진행하였습니다. 최근 딸이 다니는 초등학교에서 '학부모 재능 나눔 수업'을 신청하여 교육을 진행하였습니다. 문화와 예술을 포함한 다양한 직업의 세계를 탐색하고 진로에 흥미를 느낄 수 있도록 마련한 학부모 재능 나눔 수업입니다. 관세사!? 초등학교 학생들을 대상으로 그것도 3학년 학생들을 대상으로 관세사 직업 이야기가 가능할까요? 네, 가능합니다. 단 하나의 법률 용어도 사용하지 아니하고 그림과 사진을 사용하여 눈높이를 낮추어 재미있고 활발하게 교육을 진행하였습니다. '학부모 재능 나눔 수업'이 딸에게 좋은 추억으로 남기를 바랍니다.

(FTA)
프린터를 교체해라

저는 2007년 4월 22일 일요일 한국교직원공제회 전북회관에서 대학교 선배의 결혼식 사회를 맡았습니다. 그날을 뚜렷이 기억합니다. 떨렸습니다. 그 선배는 현재 'S'사에서 근무하고 있으며 저희의 소중한 고객입니다.

물품을 중국으로 수출하며 원산지증명서를 발행합니다. 여느 때와 같이 수출신고를 진행하고 원산지증명서를 출력하여 선배에게 서류를 보냈습니다. 며칠 뒤 밤 10시경에 RING! RING! 전화벨이 울립니다. 선배로부터의 전화입니다. 선배님! 무슨 일이 있으신가요? 포워더에서 연락이 왔는데 중국으로 보낸 원산지증명서가 중국으로부터 반려되었다는 내용이었습니다. 본 원산지증명서는 원산지결정기준을 충족하며 대한민국 세관으로부터 발급받은 하자가 없는 것임에도 불구하고 반려되었다는 것이 이해가 되지 않았습니다. 선배님! 반려

여기는 동행 관세사무소 서초 캠퍼스입니다

사유가 무엇인가요? 원산지증명서 출력 상태가 다소 흐리다는
이유입니다. 네? 'S'사 원산지증명서를 출력한 날에는 타 업체
들의 원산지증명서도 출력을 하였고 타 업체들로부터는 연락
을 받은 것이 없었습니다. 원산지증명서상의 내용 중에 확인
이 불가능한 글자조차 없었습니다. 더구나 한-중 FTA 원산지
증명서는 '관세청 FTA 포털' 사이트의 'CO-PASS'를 통하여 조
회가 가능하기에 중국의 원산지증명서의 출력 상태가 다소 흐
리다는 이유로 반려된 것이 이해가 되지 않았습니다. 다소 억
울했습니다.

"상균아! 프린터를 교체하든지 토너를 교체하든지 재발급을
받아야겠다."
"선배님! 알겠습니다. 조치하겠습니다."

아래는 '관세청 FTA 포털' 사이트의 'CO-PASS' 화면입니다.

지난 저서 『관세사무소에서 희망을 찾다』에서 다음과 같은 글을 쓴 적이 있습니다.

2004년 4월 1일 한-칠레 FTA 발효를 시작으로 대한민국은 동시다발적으로 FTA를 체결 및 발효하기 시작하였습니다. 여러분은 이 부분을 어떻게 생각하십니까? 시간은 흘렀지만 돌아보면 현직 관세사로서 보고 느끼기에 그 당시 관세사뿐만 아니라 관세직 공무원, 수출입 업체 업무 담당자도 동시다발적으로 체결 및 발효되는 FTA 지식의 속도를 따라가기에 바빴습니다. 급변하고 복잡한 국제무역 환경을 실감했습니다.

위와 관련하여 2010년쯤 그 당시 외교통상부와 관세청에서는 대한민국에서 발급받은 원산지증명서가 상대 국가에서 협정세율을 적용받지 못하는 사례를 청취하는 간담회가 있었습니다. 다소 오래전의 기억이지만 생각이 납니다. 예를 들어 동일한 내용의 원산지증명서가 상대 국가의 'A' 담당자는 처리하여 주었으나 'B' 담당자는 처리하여 주지 않은 경우입니다. 지금은 많이 해소되었다고 생각합니다.

(보세)
반입이 되었으나
물품을 찾을 수 없다고?

DHL, FEDEX 등과 같은 업체, 즉 관세법 제222조(보세운송업자 등의 등록 및 보고) 제1항 제6호에 따라 세관장에게 등록한 업체를 특송업체라 합니다. 특송물품의 물품 가격이 미화 2,000달러를 초과하는 경우 관세법 제241조(수출·수입 또는 반송의 신고) 제1항에 따른 수입신고를 하여야 합니다. 당사의 거래업체가 이에 해당하여 당사에 일반 수입신고를 의뢰하였고 본 물품은 긴급물품이기에 반입되기만을 기다렸습니다. 드디어 반입! 서류를 접수하고 출고를 하려고 하였으나 장치번호가 나오지 않아 물품을 찾을 수 없다는 것입니다. 반입이 되었으나 물품을 찾을 수 없다고? 이해가 되지 않았습니다. 제가 특송업체의 담당자분과 대화를 나눈 결과는 이렇습니다. 특송업체는 상업서류나 그 밖의 견본품 등을 송달하는 것을 업으로 하므로 그 물품의 양이 어마어마합니다. 즉 물품이 반입되어도 구체적으로 그 물품이 어느 팔레트 등의 위치에 있는지, 즉 '장치번호'가 나와야 물품을 찾을 수 있습니다. 이 장치번호의 프로세스가 모든 특송업체에 해당하는지는 모르겠습니다만 1개의 특송업체는 제가 경험을 하였습니다.

특송물품 수입통관 사무처리에 관한 고시 (필요 부분만 발췌)

제2조(정의) 이 고시에서 사용하는 용어의 뜻은 다음과 같다.

1. "특송업체"란 「관세법」(이하 "법"이라 한다) 제222조 제1항 제6호에 따라 세관장에게 등록한 업체를 말한다.

제9조(수입신고 등)

① 특송업체가 목록통관 특송물품을 수입통관 하려는 때에는 별표 3의 작성요령에 따라 작성한 별지 제4호서식의 통관목록을 세관장에게 제출하여야 한다.

② 간이신고특송물품을 수입통관 하려는 때에는 첨부서류없이 인터넷·EDI 등을 이용하여 전자서류로 수입신고하여야 한다. 다만, 검사대상으로 선별된 물품은 수입신고서에 송품장, 선하증권 또는 항공화물운송장 등을 첨부하여 세관장에게 제출하여야 한다.

③ 일반수입신고특송물품은 「수입통관 사무처리에 관한 고시」(이하 "수입통관 고시"라 한다)에 따른 일반통관절차를 적용한다.

④ 우리나라가 체결한 자유무역협정 및 「자유무역협정의 이행을 위한 관세법의 특례에 관한 법률」 제8조 제2항에 따른 원산지증명 면제대상물품에 대하여 협정관세를 적용받고자 하는 자는 구매처(국가), 가격 정보가 담긴 구매영수증 등을 세관장에게 제출하여야 한다.

여기는 동행 관세사무소 서초 캠퍼스입니다

관세법(필요 부분만 발췌)
제241조(수출·수입 또는 반송의 신고)
① 물품을 수출·수입 또는 반송하려면 해당 물품의 품명·규격·수량 및 가격과 그 밖에 대통령령으로 정하는 사항을 세관장에게 신고하여야 한다.

리얼돌 혹은 성인돌 수입,
가능합니까? (2)

지난 저서 『저의 직업은 관세사입니다』에서 다음과 같은 글을 쓴 적이 있습니다.

몇 년 전 홈쇼핑 업체로부터 교육 요청을 받은 적이 있습니다. 그리고 그 교육 과정 중에 리얼돌 혹은 성인돌의 통관 이슈에 대해서 언급을 해달라고 요청받았습니다. 약 2년 전의 교육 때도 이슈가 되었는데 시간이 흘러 현재도 여전히 이슈가 되고 있습니다. 관세청 입장은 리얼돌이 풍속을 해치는 물품이라고 판단하고 법원 입장은 사생활의 영역이기에 수입 전면 금지는 어렵다는 입장입니다. 일부 법령 개정도 이루어지고 있습니다.

위와 관련하여 지난 저서 『저의 직업은 관세사입니다』의 발행일이 2021년 7월 2일이고 그 시점에서 2년 전에 교육을 하였으니 대략 2019년 이전부터 현재까지 이슈가 되고 있습니다. 리얼돌 관련 많은 소송이 진행되었고, 진행되고 있으며 2022년 12월 26일 관세청은 『리얼돌 수입통관 지침』을 개정·시행하고 있습니다. 아래의 내용은 2022년 12월 26일 관세청 통관국 통관물류정책과 보도자료 내용입니다. 여러분은 어떻게 생각하시는지요? 저는 몇 년 후에는 다시 지침 개정을 예상합니다.

관세청, 「리얼돌 수입통관 지침」개정·시행

□ (개정 내용) **관세청**(청장 윤태식)은 그동안 **법원 판결을 반영하여 12월 26일 (월)부터** 「리얼돌 수입통관 지침」을 개정·시행한다.

○ 법원 판결, 국조실·여가부 등 관계부처 의견수렴 내용 등을 반영하여 **성인 형상 전신형 리얼돌은 통관을 허용하되, 미성년 형상 전신형 리얼돌 등***은 수입을 금지한다.

*① 길이·무게·얼굴·음성 등 전체적 외관과 신체적 묘사 등을 종합 고려 시 미성년 형상, ② 특정 인물 형상, ③ 전기제품 기능(온열·음성·마사지)이 포함되어 안전성 확인이 필요한 경우 등

□ (개정 배경) ① **법원 판결** - 리얼돌 통관보류 취소소송*에서 성인형상은 패소, 미성년 형상은 승소한 점, ② **해외사례** - 미국, 영국, 호주 등 미성년 형상 리얼돌 등에 한해 규제하고 있는 점 등을 종합적으로 감안하여 「리얼돌 수입통관 지침」을 개정하게 되었다.

RING! RING! 당사의 거래업체는 아니지만 오래전부터 알고 지내던 'N'사의 과장님으로부터의 전화입니다. 안녕하세요! 과장님. 관세사님! 오랜만입니다. 과장님은 'N'사 이전에 'H'사 재직 시절부터 알고 지내던 사이입니다. 특이한 점은 대한민국 약 TOP 10 순위 내의 관세법인을 이용하면서 이슈 사항에 관해서는 당사에 재확인한다는 것입니다. 언젠가는 당사의 거래업체가 될 것임을 믿습니다. 과장님! 무엇을 도와드릴까요? 관세사님! 세율 적용의 우선순위 좀 봐주세요! 이용하는 관세법인의 담당자 그리고 또 다른 기관의 담당자가 각각 다른 답변을 주어서 문의드립니다. 세율 적용의 우선순위가 얼마나 복잡하기에 2명 이상의 담당자의 답변이 다를까? 생각하였습니다. 관세사님! 물품은 EU로부터 수입 예정이고 HS번호 '1104.22-0000' 관련 세율 적용의 우선순위를 검토 부탁드립니다. 참고로 WTO 양허관세 추천은 받지 못하였고 원산지신고문안은 구비하였습니다. 네, 알겠습니다.

본 HS번호의 세율 적용의 우선순위를 보니 살짝 특이한 점이 보였습니다. 먼저 관세법 제50조(세율 적용의 우선순위)를 살펴보겠습니다. 2023년 4월 25일 기준으로 작성하였습니다.

관세법

제50조(세율 적용의 우선순위)

① 기본세율과 잠정세율은 별표 관세율표에 따르되, 잠정세율을 기본세율에 우선하여 적용한다.

② 제49조 제3호의 세율은 다음 각 호의 순서에 따라 별표 관세율표의 세율에 우선하여 적용한다.

　1. 제51조(덤핑방지관세의 부과대상), 제57조(상계관세의 부과대상), 제63조(보복관세의 부과대상), 제65조(긴급관세의 부과대상 등), 제67조의2(특정국물품 긴급관세의 부과), 제68조(농림축산물에 대한 특별긴급관세) 및 제69조(조정관세의 부과대상)제2호에 따른 세율
　2. 제73조(국제협력관세) 및 제74조(편익관세의 적용기준 등)에 따른 세율
　3. 제69조(조정관세의 부과대상)제1호·제3호·제4호, 제71조(할당관세) 및 제72조(계절관세)에 따른 세율
　4. 제76조(일반특혜관세의 적용기준)에 따른 세율

③ 제2항에도 불구하고 제2항제2호의 세율은 기본세율, 잠정세율, 제2항제3호 및 제4호의 세율보다 낮은 경우에만 우선하여 적용하고, 제2항제3호의 세율 중 제71조에 따른 세율은 제2항제4호의 세율보다 낮은 경우에만 우선하여 적용한다. 다만, 제73조에 따라 국제기구와의 관세에 관한 협상에서 국내외의 가격차에 상당하는 율로 양허(讓許)하거나 국내시장 개방과 함께 기본세율보다 높은 세율로 양허한 농림축산물 중 대통령령으로 정하는 물품에 대하여 양허한 세율(시장접근물량에 대한 양허세율을 포함한다)은 기본세율 및

잠정세율에 우선하여 적용한다.

④ 별표 관세율표 중 잠정세율을 적용받는 물품에 대하여는 대통령령으로 정하는 바에 따라 그 물품의 전부 또는 일부에 대하여 잠정세율의 적용을 정지하거나 기본세율과의 세율차를 좁히도록 잠정세율을 올리거나 내릴 수 있다.
⑤ 제49조제3호에 따른 세율을 적용할 때 별표 관세율표 중 종량세인 경우에는 해당 세율에 상당하는 금액을 적용한다.

아래는 위 관세법 제50조(세율 적용의 우선순위)에 세율을 함께 HS번호 '1104.22-0000'에 반영한 표입니다.

No	세율 종류	우선순위
1	덤핑방지관세, 조정관세 일부 등	가장 우선 적용
2	국제협력관세(한-EU FTA 79.2%), 편익관세	3~6보다 낮은 경우 우선 적용
	WTO 양허관세(추천세율 5%, 미추천세율 554.8%)	5, 6보다 우선 적용 3, 4보다 낮은 경우 우선 적용
3	조정관세 일부, 계절관세	4~6보다 낮은 경우 우선 적용
	할당관세	4보다 낮은 경우 우선 적용 5, 6보다 우선 적용
4	일반특혜관세	5, 6보다 우선 적용
5	잠정세율	6보다 우선 적용
6	기본세율(5%)	

여기는 동행 관세사무소 서초 캠퍼스입니다

관세법 제73조(국제협력관세) 제1항 '정부는 우리나라의 대외무역 증진을 위하여 필요하다고 인정될 때에는 특정 국가 또는 국제기구와 관세에 관한 협상을 할 수 있다'라고 기재되어 있습니다. 국제기구와 관세에 관한 협상이 WTO 협정 관세율이고 특정 국가와 관세에 관한 협상이 FTA 협정 관세율이라고 이해할 수 있습니다.

여기까지 세율 적용의 우선순위를 살펴보겠습니다. 국제협력관세의 일부인 한-EU FTA 79.2%가 보입니다. 3~6보다 낮은 경우 우선 적용된다는 문구도 보입니다. 잠깐! 그런데 기본세율이 5%이고 한-EU FTA 세율은 3~6보다 낮은 경우에만 우선 적용하니 한-EU FTA 79.2%가 적용될 수 없습니다. (끝까지 읽어보세요.) 그다음 WTO 양허관세 추천은 받지 못하였으니 WTO 양허관세 미추천세율인 554.8%가 보입니다. 5, 6보다 우선 적용하고 3, 4의 세율이 없으니 554.8%가 적용되는 것으로 보일 수 있습니다. 제가 살짝 특이한 점이라고 말씀드린 것은 FTA 협정관세의 세율은 기본세율보다 낮은 것이 일반적인데 본 HS번호의 경우는 반대이기 때문입니다. (아직 끝이 아닙니다. 끝까지 읽어보세요.)

여기서 잠깐! 자유무역협정의 이행을 위한 관세법의 특례에 관한 법률 제5조(세율 적용의 우선순위)를 살펴보겠습니다.

자유무역협정의 이행을 위한 관세법의 특례에 관한 법률

제5조(세율 적용의 우선순위)

① 협정관세의 세율이 「관세법」 제50조(세율 적용의 우선순위)에 따른 적용세율과 같거나 그보다 높은 경우에는 「관세법」 제50조에 따른 적용세율을 우선하여 적용한다. 다만, 협정관세의 세율이 「관세법」 제50조에 따른 적용세율과 같은 경우 제8조(협정관세의 적용신청 등)제1항에 따른 수입자가 협정관세의 적용을 신청하는 때에는 협정관세의 세율을 적용할 수 있다.

② 제1항에도 불구하고 「관세법」 제51조(덤핑방지관세의 부과대상), 제57조(상계관세의 부과대상), 제63조(보복관세의 부과대상), 제65조(긴급관세의 부과대상 등), 제67조의2(특정국물품 긴급관세의 부과), 제68조(농림축산물에 대한 특별긴급관세) 및 제69조(조정관세의 부과대상)제2호에 따른 세율은 협정관세의 세율보다 우선하여 적용한다.

위와 관련하여 자유무역협정의 이행을 위한 관세법의 특례에 관한 법률 제5조 제1항에 의하여 협정관세의 세율이 관세법 제50조에 따른 적용세율보다 낮은 경우에는 협정관세의 세율을 우선하여 적용한다고 해석할 수 있습니다. 즉 WTO 양허관세 미추천세율인 554.8%가 아닌 한-EU FTA 79.2%가 적용됩니다. 쉽게 이해하셨을 것입니다. 그러면 왜 대한민국약 TOP 10 순위 내의 관세법인 담당자 등은 79.2%가 아닌 554.8%라고 답변을 하였을까요?

아래는 우리가 흔히 접할 수 있는 표입니다.

여기는 동행 관세사무소 서초 캠퍼스입니다

No	세율 종류	우선순위
1	덤핑방지관세, 조정관세 일부 등	가장 우선 적용
2	한-EU FTA(79.2%)	3~7보다 낮은 경우 우선 적용
3	국제협력관세, 편익관세	4~7보다 낮은 경우 우선 적용
3	WTO 양허관세 (추천세율 5%, 미추천세율 554.8%)	6, 7보다 우선 적용 4, 5보다 낮은 경우 우선 적용
4	조정관세 일부, 계절관세	5~7보다 낮은 경우 우선 적용
4	할당관세	5보다 낮은 경우 우선 적용 6, 7보다 우선 적용
5	일반특혜관세	6, 7보다 우선 적용
6	잠정세율	7보다 우선 적용
7	기본세율(5%)	

위의 표는 前의 표와 비교하였을 때 자유무역협정의 이행을 위한 관세법의 특례에 관한 법률 제5조 제1항 문구에 충실하게 한-EU FTA 협정관세의 세율을 구분 표시한 것입니다. 그런데 한-EU FTA 협정관세의 세율 옆에 '3~7보다 낮은 경우 우선 적용'이라는 문구 때문에 기본세율이 5%이고 3~7보다 낮은 경우에만 우선 적용하니 한-EU FTA 79.2%가 적용될 수 없다고 판단한 것입니다. 제가 무슨 말씀을 드리는 것인지 이해하셨는지요? 저는 오히려 대한민국 약 TOP 10 순위 내의 관세법인 담당자의 꼼꼼함에 놀랐습니다. 자유무역협정의 이행을 위한 관세법의 특례에 관한 법률 제5조 제1항의 문구

를 이해하면 한-EU FTA 79.2% 적용을 알 수 있으나 우리가 흔히 접할 수 있는 표를 보면 오해할 수도 있다고 생각합니다. 본 질의가 있은 후 당사의 모든 구성원은 세율 적용의 우선순위에 대하여 다시 교육이 이루어졌습니다.

또한 당사의 거래업체는 아니지만 'N'사의 과장님에게는 확신이 필요하기에 당사의 이금성 책임 컨설턴트(제36회 관세사 시험 합격)가 국민신문고 질의를 하였습니다. 아래는 국민신문고 질의 처리결과 일부 내용입니다. 처리결과를 출력하여 'N' 사를 방문합니다. 언젠가는 당사의 거래업체가 될 것임을 다시 믿습니다.

안녕하십니까? 귀하께서 국민신문고를 통해 신청하신 민원(000-0000-0000000)에 대하여 다음과 같이 안내해 드립니다.

— 다음 —

문의하신 내용은 관세율표 제1104.22-0000호에 대한 "농림축산물 양허관세 (W2, 554.8%)"와 "한-EU FTA 협정세율(79.2%)" 간 세율 적용 우선순위에 대한 질의로 이해합니다.

2. 해당 질의는 『FTA 관세특례법』 제5조에 따라 한-EU FTA 협정세율이 우선 적용되며, 이 경우 동 법 제6조~제8조에 따른 협정관세의 적용 요건 충족 및 신청 등에 한하여 우선 적용됨을 알려드립니다.

여기는 동행 관세사무소 서초 캠퍼스입니다

모터사이클은 차별하십니까?

2022년에 개봉한 영화 〈범죄도시2〉의 시작 부분인 베트남 시내의 모터사이클 장면은 모터사이클 부분품과 부속품의 원산지 표시 사례를 떠오르게 합니다. HS번호 '8714'의 이야기입니다. 자동차 또는 모터사이클의 부분품 또는 부속품을 통관하는 관세사무소는 그 종류가 다양하기에 통관 소요 시간이 짧지는 않다고 생각합니다. 관세사님! 미팅이 필요합니다. 당사의 최기석 수석 컨설턴트와 서정원 책임 컨설턴트(제38회 관세사 시험 합격)가 미팅을 주도합니다.

일반적으로 HS번호 '8708'에는 자동차의 부분품과 부속품이 분류되고 HS번호 '8714'에는 모터사이클의 부분품과 부속품이 분류됩니다. HS번호 '8708' 자동차 부분품과 부속품의 원산지표시 방법은 원산지표시제도 운영에 관한 고시 별표 2(물품별 적정 원산지표시 방법)에 의하여 적정표시방법은 현품에 원산지표시, 최소포장에 원산지표시 허용이며 <u>추가적으로 다른 호에 분류되는 자동차 부분품, 부속품도 본 적정표시방법을 적용할 수 있습니다.</u>

 그러면 HS번호 '8714' 모터사이클의 부분품과 부속품 원산지표시 방법은 어떠할까요? HS번호 '8714'의 경우 원산지비표시대상입니다. 즉 HS번호 '8714'의 경우 원산지표시제도 운영에 관한 고시 별표 2(물품별 적정 원산지표시 방법)에 기재되어 있지 않습니다. 원산지비표시대상이니 좋다고 생각하십니까? 문제는 HS번호 '8714'에 분류되지 않는 모터사이클의 부분품과 부속품은 현품에 원산지표시대상의 확률이 높다는 것입니다. 자동차 부분품과 부속품의 경우 HS번호 '8708' 외의 다른 호에 분류되는 자동차 부분품과 부속품은 최소포장에 원산지표시가 허용되나 모터사이클의 부분품과 부속품은 본 준용 규정이 없으므로 다른 호에 분류되는 경우 다른 호가 원산지표시대상이면 원산지표시를 하여야 한다는 것입니다. 모터사이클의 부분품과 부속품은 그 크기가 작으며 종류가 다양합니다.

 관세 행정관님! 자동차 그리고 모터사이클의 부분품과 부속품의 유사성을 보았을 때 형평성이 맞지 않다고 생각합니다. 심지어 모터사이클의 부분품과 부속품의 크기가 자동차의 부분품과 부속품보다 작다고 생각하기에 원산지표시제도 운영에 관한 고시 별표 2(물품별 적정 원산지표시 방법)는 모터사이클 부분품과 부속품에 대하여 개정 필요성이 있다고 생각합니다.

(HS)
HS번호 '1514' VS '1516'

지난 저서 『저의 직업은 관세사입니다』에서 다음과 같은 글을 쓴 적이 있습니다.

식품의 HS번호는 성분 함유량, 가공 정도 및 방법 등으로 인하여 HS번호 분류의 난해함이 있습니다. HS번호에 따라 관세율의 차이도 공산품보다 상대적으로 큽니다. 이러한 이유로 식품 수입업체는 경영의 안정성을 위하여 품목분류사전심사를 많이 이용하고 있습니다.

위와 관련하여 HS번호 분류는 여전히 난해합니다. 당사의 거래업체가 '유채유(rape oil, colza oil)'를 수입합니다. 서류상에 HS번호 '1514'가 기재되어 있습니다. 그런데 '유채유'의 경우 HS번호 '1516'호 해설에 의하여 특정한 화학적 변형을 한 것은 HS번호 '1516'에 분류됩니다. 원산지증명서는 구비되지 않았으며 HS번호 '1514'의 경우 기본세율이 5%이고 HS번호 '1516'의 경우 기본세율이 36%입니다. 양 HS번호의 세율 차이는 31%p입니다. 어마어마한 차이입니다. 수입신고가 진행되었고 사후분석 대상으로 선별되었습니다. 해외로부터 제조공정도, 성분표 등을 취합하여 세관에 제출하였고 분석이 진행되었습니다. 물품의 가격이 상당히 거액이기에 사후분석 결과가 나오기까지 엄청난 긴장을 느끼고 스트레스를 받았습니다. 다행히 HS번호 '1514'로 결과 회신을 받았습니다. '열 길 물속은 알아도 HS번호는 모른다.' 또는 '자나 깨나 HS번호 조심' 어떠하신지요?

HS번호 '1516'호 해설

1516 - 동물성·식물성·미생물성 지방과 기름 및 이들의 분획물[전체적으로나 부분적으로 수소를 첨가한 것, 인터에스텔화한(inter-esterified) 것, 리에스텔화한(re-esterified) 것, 엘라이딘화한(elaidinised) 것으로 한정하며, 정제했는지에 상관없으며 더 이상 가공한 것은 제외한다]

이 호에는 동물성·식물성·미생물성 지방과 기름으로서, 아래에서 규정한 종류의 특정한 화학적 변형을 한 것이 포함되며, 그 이상의 가공을 한 것은 제외한다.
이 호에는 동물성·식물성·미생물성 지방과 기름의 분획물을 위와 유사하게 처리된 것도 분류한다.

(A) 수소를 첨가한 지방과 기름
수소첨가는 지방과 기름을 촉매(보통 미세한 니켈) 존재 하에서 적당한 온도와 압력에서 순수한 수소와 접촉하여 행하여지는데 불포화 글리세라이드(glyceride) [예: 올레산(oleic acid)·리놀레산(linoleic acid) 등]을 높은 용융점의

포화 글리세라이드[예: 팔미트산(palmitic acid)·스테아린산(stearic acid) 등]로 변형시켜 줌으로써 순지방의 융점이 높아지게 하고 기름의 경도를 증가시켜 준다. 수소첨가의 정도와 이 물품의 최종 굳음 정도는 공정상태와 처리 기간의 조건에 따라 다르다. 이 호에는 다음과 같은 처리를 한 것을 분류한다.

(1) 부분적으로 수소첨가된 것(이들 물품이 페이스트(paste)층과 액체층으로 분리되는 경향이 있는 것일지라도). 또한 이 첨가는 녹는 온도(-용용점)을 상승시키기 위해서 불포화 지방산의 시스형(cis-form)을 트랜스형(trans-form)으로 전환시켜주는 효과가 있다.

(2) 완전히 수소첨가된 것(예: 페이스트(paste) 지방이나 고체 지방으로 변한 기름). 보통 수소가 첨가되는 물품은 어류나 바다에서 사는 동물의 기름과 특정의 식물성 기름(목화씨유·참기름·땅콩 기름·콜자유·대두유·옥수수유 등)이다. 이와 같은 완전하거나 부분적으로 수소를 첨가한 기름은 때때로 제1517호의 조제 식용지방의 원료로 사용하는데, 이러한 수소첨가는 기름의 굳음 정도를 증가시킬 뿐만 아니라 공기에 의한 산화(oxidation)로 변질되는 경향이 적어지고 맛과 냄새를 개선시키며, 표백됨으로써 외관이 좋은 결과를 가져온다. 이 부분에는 또한 수소를 첨가한 피마자유[소위 "오팔왁스(opal was)"]를 포함한다.

(B) 인터에스텔화(inter-esterified), 리에스텔화(re-esterified), 엘라이딘화한 (elaidinised) 지방과 기름

(1) 인터에스텔화한 지방과 기름(또는 트랜스에스텔화한 지방과 기름) : 지방과 기름의 굳기 정도는 지방과 기름에 함유하고 있는 트리-글리세라이드의 지방산 라디칼(fatty acid radicals)을 적당히 재배열으로써 증가한다. 에스테르의 필요한 상호작용과 재배열은 촉매를 사용함으로써 촉진한다.

(2) 리에스텔화한 지방과 기름(에스텔화한 지방과 기름이라고도 한다) : 이것은 유리(遊離) 지방산의 혼합물이나 유지를 정제할 때 생긴 애시드유(acid oil)를 가진 글리세롤(glycerol)과 직접 합성하여 얻어진 트리글리세라이드(triglyceride)이다. 트리글리세라이드 내에서의 지방산 라디칼(fatty acid radical)의 배열은 일반적으로 천연유(natural oil)에서 발견되는 배열과 상이하다. 올리브에서 얻어진 기름으로서 리에스테르화(re-esterified)한 기름

을 가지고 있는 것은 이 호에 분류한다.

(3) 엘라이딘화한(elaidinised) 지방과 기름 : 이것은 불포화지방산라디칼
    (unsaturated fatty acid radical)을 시스형(cis-form)에서 트랜스형(trans-
    form)으로 상당히 변환시키는 방법에 의해 가공한 지방과 기름이다.

위에 규정한 생산품은 비록 그들이 왁스성을 가지고 있는 것·상당한 탈취나 유
사한 정제공정을 거친 것·직접 식용에 공할 수 있는 것일지라도 이 호에 분류
한다. 그러나 구조의 변화(조직이나 결정 구조를 조정한)와 같이 식용 목적으
로 더욱 조제된 수소첨가유 등을 한 지방과 기름과 그 분획물은 이 호에서 제
외한다(제1517호). 또한 이 호에서는 변성(modification)이 둘 이상의 지방
과 기름에 관련되는 경우에는 수소첨가(hydrogenated)·인터에스테르화(inter-
estrified)·리에스테르화(re-esterified)·엘라이딘화한(elaidinised) 지방과 기름이
나 그 분획물을 포함하지 않는다(제1517호나 제1518호).

지난 저서 『저의 직업은 관세사입니다』에서 다음과 같은 글을 쓴 적이 있습니다.

수입물품이 어린이 제품일 경우 세관장확인대상 등에서 어린이제품안전특별법의 KC 인증을 받았는지 확인하여야 합니다. 그런데 실제 장난감 매장에 가서 장난감 박스를 보면 어느 것은 어린이 제품이어서 KC 인증 마크가 있으며, 어느 것은 어린이 제품이 아닌지 KC 인증 마크가 없습니다. 그 기준은 무엇이고 그 근거는 무엇일까요? 어린이 제품 가이드라인을 참고하시기 바랍니다.

위와 관련하여 여러분! 일반적으로 통관 단계에서 어린이 제품인데 KC 인증을 받은 경우와 KC 인증을 받지 않은 경우 중에서 어느 것이 문제가 되겠습니까? 당연히 어린이 제품인데 KC 인증을 받지 않은 경우가 문제가 되겠지요. 그런데 당사의 거래업체는 그 반대의 경우가 있습니다.

RING~ RING~ 관세사님! 안녕하세요. 당사의 물품이 꼭 어린이제품 KC 인증을 받을 수 있게 부탁드립니다. 물품을 검토하니 어린이 제품이 아닙니다. 본 물품은 어린이 제품이 아닌데 굳이 KC 인증을 받고자 하는 이유가 있나요? 거래업체의 대표님이 말씀하시길 KC 인증을 받으면 경쟁업체들보다 계약, 납품 및 판매가 잘 된다고 합니다. 아! 이런 경우도 있구나.

시험인증기관인 한국기계전기전자시험연구원, 한국화학융합시험연구원, 한국건설생활환경시험연구원 등에 문의하여 본 물품이 어린이제품 KC 인증을 받을 수 있는지 문의합니다. 일부 시험인증기관에서는 본 물품이 애매한 점이 있으니 국민신문고 제도를 이용해서 유권해석을 받으라고 합니다.

독일산 분유를 전량 폐기하다

지인의 친구분이 당사에 연락을 해왔습니다. 대량의 그리고 거액의 독일산 분유가 인천공항에 도착하였으니 당사에 검역 및 통관을 의뢰한다는 내용입니다. 수입식품안전관리특별법에 의하여 수입식품 등 수입·판매업 등록, 해외제조업소 등록이 필요합니다. 또한 식품공전상의 식품유형별 기준규격 통과를 위한 검역을 받아야 합니다. 검역 필요서류는 제조공정도, 100% 성분표, 한글라벨표시, 샘플 등으로 제반 사항을 구비하여야 합니다.

대표님! 검역에 필요한 서류를 이메일로 보내드렸으니 회신 부탁드립니다. 관세사님! 본 물품은 독일 마트에서 구입하였기에 제조공정도 등의 서류는 없습니다. 네? 이렇게 대량의 그리고 거액의 독일산 분유를 독일 마트에서 구입하였다고요? 반송 또는 폐기 처리하여야 합니다. 결국 전량 폐기하였습니다.

지난 저서『저의 직업은 관세사입니다』에서 다음과 같은 글을 쓴 적이 있습니다.

무역을 처음으로 하시는 분은 이러한 인증 개념이 부족하기에 무작정 부산항에 입항시키고 통관을 진행하려고 합니다. 통관이 되지 않습니다. 도착한 물품 중 일부 샘플을 빼서 그제야 인증 테스트를 진행합니다. 인증 테스트에 통과될지 장담할 수 없습니다. 불합격의 경우 반송 또는 폐기 처리하여야 합니다. 대한민국까지의 물류 비용이 허무하게 낭비될 수 있습니다. 그리고 인증 테스트를 받는 동안 창고 비용은 올라갑니다. 미리 전문가와 상의하세요.

(요건)
동일 모델 물품인데 성분이 다르다

와이프와 마트에서 장(場)을 보는데 와이프가 제게 말을 겁니다. 이 샴푸는 동일 모델 물품인데 성분이 다른 거 같아. 무슨 말인지 몰라 제가 다시 묻습니다. 성분이 다르다고? 응 직구(또는 해외에서 구입)를 하여 구입한 샴푸와 마트에서 구입한 샴푸를 모두 사용하였는데 사용한 느낌이 다른 거 같아! 충분히 가능한 이야기입니다. 외국산 샴푸가 대한민국으로 수입되는 경우 대한민국 화장품법 및 화장품 안전기준 등에 관한 규정에 맞추어 성분이 일부 조정될 수 있습니다.

화장품법

제1조(목적) 이 법은 화장품의 제조·수입·판매 및 수출 등에 관한 사항을 규정함으로써 국민보건향상과 화장품 산업의 발전에 기여함을 목적으로 한다.

여기는 동행 관세사무소 서초 캠퍼스입니다

여러분이 캐나다, 미국 유학 시절에 마신 커피 또는 일본 출장길에 먹은 과자가 대한민국으로 수입되는 경우 동일 모델 물품일지라도 그 성분이 다를 수 있습니다. 대한민국 식품공전상의 식품 유형별 기준규격을 통과하여야 하므로 그 기준규격에 맞추어 성분이 일부 조정될 수 있습니다.

수입식품안전관리특별법

제1조(목적) 이 법은 수입식품 등의 안전성을 확보하고 품질의 향상을 도모하며 올바른 정보를 제공함으로써 건전한 거래질서 및 국민의 건강증진에 이바지하는 것을 목적으로 한다.

(통관)
징수형태 부호 '14', 조심합시다!

대표님! 드릴 말씀이 있습니다. 이유와 관계없이 제가 긴장되고 가장 듣기 싫어하는 말입니다. 업체에게 전달되어야 하는 납부서가 전달되지 않아 가산세가 발생했습니다. 예감은 빗나가지 않습니다.

수입통관 진행 시 징수형태 부호는 다양합니다. 업체에 따라 적용할 수 있는 징수형태 부호는 다르겠지요. 대표적으로 신고, 수리전납부인 '11', 신고, 사후납부(무담보)인 '14', 월별납부 신용담보인 '43' 등이 있습니다.

이 징수형태가 관세사무소의 리스크가 될 수 있습니다. 저는 前 관세법인에서 그리고 개업한 당사에서 똑같은 패턴으로 리스크를 떠안았습니다.

수입통관 진행 시 업체의 징수형태가 월별납부 신용담보인 '43'일 경우 업무가 다소 수월합니다. 관세 및 부가가치세 등 사전납부 없이 수입신고필증이 나오기 때문입니다. 後에 월별납부 납부서를 업체에게 전달합니다. 그런데 월별납부 신용담보 업체의 수입물량이 증가할 경우 월별납부한도액이 부족하여 사후납부(무담보)인 '14'로 수입신고하는 경우가 종종 있습니다. 여기서 리스크가 발생합니다. 업체에게 전달되어야 하는 납부서가 전달되지 않습니다.

그리고 後에 동일업체 수입신고를 할 때 통관 프로그램에서 기존 신고 건을 복사하여 수입신고합니다. 무의식중에 징수형태 월별납부 신용담보인 '43'을 복사한 것이 아니라 사후납부(무담보)인 '14'를 복사합니다. 여기서 리스크가 발생합니다. 업체에게 전달되어야 하는 납부서가 전달되지 않습니다.

가산세를 생각하면 "배보다 배꼽이 더 크다"라는 속담이 떠오릅니다.

이러한 리스크를 제거하기 위한 조치가 있을까요? 통관 프로그램상의 '파일번호'란에 '복사금지'를 기입합니다. 통관 프로그램 입력 시 알림창을 뜨게 합니다. '징수형태 확인!' 당사의 업체 업무 담당자뿐만 아니라 경리, 회계, 정산 담당자도 재확인합니다. 그리고 업체 담당자에게도 더블 체크를 부탁

합니다. 대형 관세법인들은 이러한 리스크를 제거하기 위하여 시스템에 많은 투자를 하는 것으로 알고 있습니다. 대형 관세법인에서 어떠한 방식으로 본 리스크를 제거하는지 알고 싶습니다.

월별납부제도 운영에 관한 고시 (필요 부분만 발췌)

제2조(정의) 이 고시에서 사용하는 용어의 뜻은 다음과 같다.

  2. "월별납부업체"란 「관세법 시행령」 제1조의5(월별납부) 제1항 및 제2항에 따라 세관장으로부터 납부기한이 동일한 달에 속하는 세액을 일괄하여 말일까지 납부(이하 "월별납부"라 한다)를 할 수 있도록 승인받은 사업자를 말한다.

그 밖의 관세사무소의 리스크로 화폐단위, 유럽화폐의 소수점 표시, 가산요소 누락 등 많은 리스크 요소가 생각납니다. 업무 리스크 관련 이야기를 하고 싶으나 포기합니다. 관세사무소는 업무 리스크를 줄여야 합니다. 추후에 기회가 된다면 리스크 관련 이야기를 출판하고 싶습니다.

여기는 동행 관세사무소 서초 캠퍼스입니다

전략물자 수출허가서 또는 비대상확인서를 제출하라고요?

관세법령정보포털 웹사이트에서 관세율표를 조회하면 전략물자 정보를 볼 수 있습니다. 예를 들어 '매칭 통제번호 없음' 또는 '전략물자·기술 색인'이 표시되어 있습니다. 또한 관세사무소에서 많이 이용하는 웹사이트인 'Ciel HS'에서 관세율표를 조회하면 역시 전략물자 정보를 볼 수 있습니다. 예를 들어 아무 표시가 없거나 또는 '수출허가대상 전략물자'라고 기입되어 있습니다.

'전략물자·기술 색인'이 표시되어 있거나 '수출허가대상 전략물자'가 기재되어 있으면 본 HS번호 물품이 전략물자와 관련되어 있다고 쉽게 생각할 수 있습니다. 그런데 '매칭 통제번호 없음' 또는 아무 표시가 없는 HS번호도 전략물자와 관련될 수 있습니다. 저는 이 부분이 이해가 되지 않았습니다. '매칭 통제번호 없음' 또는 아무 표시가 없는 HS번호에 대하여 세관은 왜 전략물자 수출허가서 또는 비대상확인서를 요구하는 것일까? 더욱이 저는 '매칭 통제번호 없음' 또는 아무 표시가 없는 HS번호의 물품에 대하여 (포괄)수출허가서를 구비하고 수출하는 업체를 접했습니다.

아래는 관세법령정보포털 웹사이트 화면입니다.

• 전략물자

전략물자 분류번호	품명	전략물자통 제명	모델규격 명	전략물자 통제상세 내용	제조자상표	비고내용
전략물자						매칭 통제 번호 없음

* 전략물자 관련 정보는 단순 참고사항으로 전략물자 등 해당여부는 전략물자 수출입고시(산업통상자원부)
별표1~별표4를 확인하시기 바랍니다.

• 전략물자

전략물자 분류번호	품명	전략물자통 제명	모델규격 명	전략물자 통제상세 내용	제조자상호	비고내용
전략물자						3A001.g.

* 전략물자 관련 정보는 단순 참고사항으로 전략물자 등 해당여부는 전략물자 수출입고시(산업통상자원부)
별표1~별표4를 확인하시기 바랍니다.

아래는 Ciel HS 웹사이트 화면입니다.

수 출 요 건	수출입공고	
	통합공고	
	세관장확인	
기 타		

수	수출안공고	
출	통합공고	
요		
건	세관장확인	
기	타	수출허가대상 전략물자

　여러분! 혹시 다음과 같은 경험은 없으신가요? 예를 들어 세관장확인대상에 전기용품 및 생활용품 안전관리법 또는 전파법 등 표시가 되어 있지 않은데 세관에서 KC 인증서 등을 요구받은 적은 없으신지요?

　네, 있습니다. 그리고 네, 맞습니다. "세관장확인"이란 세관장이 수출입신고 자료의 심사과정에서 수출입요건 구비 여부를 확인하는 것을 말합니다. 관세청장은 매년 11월에 요건확인기관의 장을 대상으로 세관장확인대상으로 지정 요청할 물품이 있는지 여부에 대한 수요조사를 실시하여 지정요청을 합니다. 즉, 전기용품 및 생활용품 안전관리법 또는 전파법 등의 개별법에서 정한 KC 인증 대상 중에서 전부가 아닌 부분이 세관장확인대상으로 지정되는 것으로 이해합니다. 다시 말해 세관장확인대상이 아니어도 개별법에 의한 KC 인증 대상이면 KC 인증을 받아야 하고 세관에서 그 부분을 확인하는 것입니다. 저는 가끔 경험합니다.

　저는 전략물자의 경우도 같은 맥락으로 이해하고 있습니다. 관세사무소에서 근무하는 관세사님 또는 컨설턴트님 중에서 경력이 그리 많지 않은 경우에 의아할 수 있는 부분입니다. 저역시 그랬습니다.

참고로 수출신고필증상 43번 항목 수출요건확인(발급서류명)에 전략물자 수출허가서 번호가 기재된 경우 포워더에서는 일부 항공사에 제출하는 서류가 있다고 포워더 담당자가 저에게 언급을 하네요.

전략물자

일상생활이나 산업현장에서 흔히 사용되나, 미사일이나 핵·생화학 무기에 사용될 수 있어 관리가 필요한 물품

여기는 동행 관세사무소 서초 캠퍼스입니다

고객님! 당사는 통관 진행이 어렵습니다

HS번호 분류를 위해서는 해당 물품의 주 기능, 주 용도, 원재료 구성 가격 비율 등을 고려하여야 하며 관세율표 해석에 관한 통칙, HS분류 해설서, 부 규정, 주 규정 및 호의 용어 등을 잘 살펴보아야 합니다. 그런데 업무를 하다 보면 업체에서 해당 물품의 본질적 특성 등의 정보를 제공하지 않고 이 HS번호의 관세율은 몇 %인지, 저 HS번호의 관세율은 몇 %인지 또는 그 HS번호의 관세율은 몇 %인지 물어보는 경우가 있습니다. 무조건 낮은 세율로 적용하고자 하는 의도입니다. 고객님! 본건은 당사에서 통관 진행이 어렵습니다.

또한 처음에 제시한 물품명은 'A'였으나 나중에 낮은 세율의 HS번호를 알고서 물품명을 'B'라고 주장하는 업체가 간혹 있습니다. 고객님! 본 건은 당사에서 통관 진행이 어렵습니다.

(통관)
허위신고죄가 아닌 밀수입죄에 해당?

어린이제품안전특별법, 전기용품 및 생활용품 안전관리법 또는 전파법 등의 개별법에서 정한 KC 인증 대상임에도 불구하고 이를 구비하지 않았기에 세관장확인대상이 없는 HS번호로 우회 수입신고하고자 하는 업체들이 간혹 있습니다. 당사는 통관 진행이 어렵습니다.

대법원 판결에 따르면 관세법 제269조(밀수출입죄) 제2항 제2호 즉, '제241조(수출·수입 또는 반송의 신고) 제1항·제2항 또는 제244조(입항전수입신고) 제1항에 따른 신고를 하였으나 해당 수입물품과 다른 물품으로 신고하여 수입한 자'에서 '해당 수입물품과 다른 물품'이라 함은 동종의 물품이라고 하더라도 수입신고수리의 요건이 다르면 동일한 물품이 아니라고 판결하였습니다.

KC 인증 대상의 물품을 세관장확인대상이 있는 HS번호로 신고하여야 하나 이를 구비하지 않았기에 세관장확인대상이 없는 HS번호로 우회 수입신고한 경우 허위신고죄가 아닌 밀수입죄에 해당한다고 판단할 수 있는 부분이 아닐까요?

관세법 (필요 부분만 발췌)

제269조(밀수출입죄)

① 제234조 각 호의 물품을 수출하거나 수입한 자는 7년 이하의 징역 또는 7천만 원 이하의 벌금에 처한다.

② 다음 각 호의 어느 하나에 해당하는 자는 5년 이하의 징역 또는 관세액의 10배와 물품원가 중 높은 금액 이하에 상당하는 벌금에 처한다.

　1. 제241조제1항·제2항 또는 제244조제1항에 따른 신고를 하지 아니하고 물품을 수입한 자. 다만, 제253조제1항에 따른 반출신고를 한 자는 제외한다.
　2. 제241조제1항·제2항 또는 제244조제1항에 따른 신고를 하였으나 해당 수입물품과 다른 물품으로 신고하여 수입한 자

③ 다음 각 호의 어느 하나에 해당하는 자는 3년 이하의 징역 또는 물품원가 이하에 상당하는 벌금에 처한다.

　1. 제241조제1항 및 제2항에 따른 신고를 하지 아니하고 물품을 수출하거나 반송한 자
　2. 제241조제1항 및 제2항에 따른 신고를 하였으나 해당 수출물품 또는 반송물품과 다른 물품으로 신고하여 수출하거나 반송한 자

제276조(허위신고죄 등)

---

① 삭제

② 다음 각 호의 어느 하나에 해당하는 자는 물품원가 또는 2천만 원 중 높은 금액 이하의 벌금에 처한다.

1. 제198조제1항에 따른 종합보세사업장의 설치·운영에 관한 신고를 하지 아니하고 종합보세기능을 수행한 자

2. 제204조제2항에 따른 세관장의 중지조치 또는 같은 조 제3항에 따른 세관장의 폐쇄 명령을 위반하여 종합보세기능을 수행한 자

3. 제238조에 따른 보세구역 반입명령에 대하여 반입대상 물품의 전부 또는 일부를 반입하지 아니한 자

4. 제241조제1항·제2항 또는 제244조제1항에 따른 신고를 할 때 제241조제1항에 따른 사항을 신고하지 아니하거나 허위신고를 한 자(제275조의3제2호에 해당하는 자는 제외한다)

   4의2. 제38조의2제1항 및 제2항, 제38조의3제1항에 따른 보정신청 또는 수정신고를 할 때 제241조제1항에 따른 사항을 허위로 신청하거나 신고한 자

5. 제248조제3항을 위반한 자

③ 다음 각 호의 어느 하나에 해당되는 자는 2천만 원 이하의 벌금에 처한다. 다만, 과실로 제2호, 제3호 또는 제4호에 해당하게 된 경우에는 300만 원 이하의 벌금에 처한다.

1. 부정한 방법으로 적재화물목록을 작성하였거나 제출한 자

2. 제12조(제277조제6항제2호에 해당하는 경우는 제외한다), 제98조제2항, 제109조제1항(제277조제5항제3호에 해당하는 경우는 제외한다), 제134조제1항(제146조제1항에서 준용하는 경우를 포함한다), 제136조제2항, 제148조제1항, 제149조, 제222조제1항(제146조제1항에서 준용하는 경우를 포함한다) 또는 제225조제1항 전단을 위반한 자

3. 제83조제2항, 제88조제2항, 제97조제2항 및 제102조제1항을 위반한 자. 다만, 제277조제5항제3호에 해당하는 자는 제외한다.

   3의2. 제174조제1항에 따른 특허보세구역의 설치·운영에 관한 특허를 받지 아니하고 특허보세구역을 운영한 자

4. 제227조에 따른 세관장의 의무 이행 요구를 이행하지 아니한 자

여기는 동행 관세사무소 서초 캠퍼스입니다

5. 제38조제3항 후단에 따른 자율심사 결과를 거짓으로 작성하여 제출한
자
6. 제178조제2항제1호·제5호 및 제224조제1항제1호에 해당하는 자

④ 다음 각 호의 어느 하나에 해당하는 자는 1천만 원 이하의 벌금에 처한다.
다만, 과실로 제2호부터 제4호까지의 규정에 해당하게 된 경우에는 200만
원 이하의 벌금에 처한다.

1. 세관공무원의 질문에 대하여 거짓의 진술을 하거나 그 직무의 집행을 거
부 또는 기피한 자
2. 제135조제1항(제146조제1항에서 준용하는 경우를 포함한다)에 따른 입
항보고를 거짓으로 하거나 제136조제1항(제146조제1항에서 준용하는
경우를 포함한다)에 따른 출항허가를 거짓으로 받은 자
3. 제135조제1항(제146조제1항에서 준용하는 경우를 포함하며, 제277조
제5항제4호에 해당하는 자는 제외한다), 제136조제1항(제146조제1항에
서 준용하는 경우를 포함한다), 제137조의2제1항 각 호 외의 부분 후단
(제277조제5항제4호에 해당하는 자는 제외한다), 제140조제1항·제4항·
제6항(제146조제1항에서 준용하는 경우를 포함한다), 제142조제1항(제
146조제1항에서 준용하는 경우를 포함한다), 제144조(제146조제1항에
서 준용하는 경우를 포함한다), 제150조, 제151조, 제213조제2항 또는
제223조의2를 위반한 자
4. 제200조제3항, 제203조제1항 또는 제262조에 따른 관세청장 또는 세관
장의 조치를 위반하거나 검사를 거부·방해 또는 기피한 자
5. 부정한 방법으로 제248조제1항 단서에 따른 신고필증을 발급받은 자
6. 제263조를 위반하여 서류의 제출·보고 또는 그 밖에 필요한 사항에 관한
명령을 이행하지 아니하거나 거짓의 보고를 한 자
7. 제265조에 따른 세관장 또는 세관공무원의 조치를 거부 또는 방해한 자
8. 제266조제1항에 따른 세관공무원의 장부 또는 자료의 제시요구 또는 제
출요구를 거부한 자

⑤ 제165조제3항을 위반한 자는 500만 원 이하의 벌금에 처한다.

포워더가 인보이스를 작성할 경우
책임이 있나요?

RING! RING! 당사의 거래업체인 포워더 담당자로부터의 전화입니다. 안녕하세요. 관세사님! 네, 무엇을 도와드릴까요? 저희의 고객사인 수출업체 관련인데 저희가 서비스 차원에서 물품 수량을 체크하여 인보이스 작성이 이루어집니다. 그런데 물품 수량이 많아서 오류가 많은 편입니다. 이 경우 당사인 포워더에게 책임이 있나요?

　인보이스는 수출자가 작성하여 수입자에게 발행하는 것이 가장 일반적입니다. 인보이스의 항목 중에는 소량, 단가 등이 있습니다. 수량이 정확하지 않을 경우 금액에 영향을 미치며 중량에도 영향을 미칩니다.
　본 항목 등은 허위신고죄의 항목입니다.

Invoice, 즉 송장이란 발송인이 수하인에게 보내는 거래상품명세서를 말한다.

Invoice는 수출자에게는 대금청구서의 역할을 하고, 수입자에게는 매입명세서로서의 역할을 하여 수입신고 시 과세가격의 증명자료가 된다.

Invoice에는 상품명 및 수량, 단가, 품질 등 거래상품의 주요 사항을 정확히 표기하고, 인도조건 및 지급조건과 제비용 등의 사항을 상세하게 명시해야 한다[1].

관세법 제276조(허위신고죄 등) (필요 부분만 발췌)

② 다음 각 호의 어느 하나에 해당하는 자는 물품원가 또는 2천만 원 중 높은 금액 이하의 벌금에 처한다.

　4. 제241조제1항·제2항 또는 제244조제1항에 따른 신고를 할 때 제241조 제1항에 따른 사항을 신고하지 아니하거나 허위신고를 한 자(제275조의 3제2호에 해당하는 자는 제외한다)

관세법 (필요 부분만 발췌)

제241조(수출·수입 또는 반송의 신고)

① 물품을 수출·수입 또는 반송하려면 해당 물품의 품명·규격·수량 및 가격과 그 밖에 대통령령으로 정하는 사항을 세관장에게 신고하여야 한다.

관세법 시행령 (필요 부분만 발췌)

제246조(수출·수입 또는 반송의 신고) ①법 제241조제1항에서 "대통령령으로 정하는 사항"이란 다음 각 호의 사항을 말한다.

　1. 포장의 종류·번호 및 개수

---

1)　네이버 지식백과

2. 목적지·원산지 및 선적지
3. 원산지표시 대상물품인 경우에는 표시유무·방법 및 형태
4. 상표
5. 납세의무자 또는 화주의 상호(개인의 경우 성명을 말한다)·사업자등록번호·통관고유부호와 해외공급자부호 또는 해외구매자부호
6. 물품의 장치장소
7. 그 밖에 기획재정부령으로 정하는 참고사항

관세법 시행규칙 (필요 부분만 발췌)

제77조의6(수출·수입 또는 반송의 신고)

① 영 제246조제1항제7호에서 "기획재정부령으로 정하는 참고사항"이란 다음 각 호를 말한다.

1. 물품의 모델 및 중량
2. 품목분류표의 품목 번호
3. 법 제226조에 따른 허가·승인·표시 또는 그 밖의 조건을 갖춘 것임을 증명하기 위하여 발급된 서류의 명칭

여기는 동행 관세사무소 서초 캠퍼스입니다

니하오! 중국인이 당사를 방문하다

2020년 코로나19가 세상을 혼란과 공포로 뒤덮였을 때, 니하오! 중국인 2명이 약속도 없이 당사를 방문하였습니다. 저는 머리가 하얘졌습니다. 이런 시국에 대면 미팅이라니? 어서 오세요. 앉으세요.

테이블을 사이에 두고 상담을 진행하였습니다. 수입하고자 하는 물품이 무엇인지요? '비접촉식 온도계'인데 사람 대상이 아니고 사물 대상의 비접촉식 온도계입니다. 예를 들어 물의 온도를 측정하거나 음식의 온도를 측정할 때 사용합니다. 혹시 물품을 가지고 계십니까? 네, 물품과 설명서가 여기 있습니다. 즉석에서 검토를 하였습니다. 물품을 보니 시중에서 판매하는 사람 대상 비접촉식 체온계로 보입니다. 이 제품은 사물 대상 제품이 아니고 사람 대상 제품으로 보입니다. 그러자 이번에는 설명서에 기재되어 있는 문구를 보여줍니다. 'Human'

이 아닌 'Object'라는 문구를 보여주며 사물 대상 제품이라고 합니다. 또한 대한민국 관련기관에서 작성한 문서를 보여줍니다. 이 문서에도 '본 비접촉식 온도계는 사람 대상이 아니고 사물 대상의 비접촉식 온도계입니다.'라고 기재되어 있습니다. 이 관련기관에 전화를 걸어 확인을 하니 중국인이 저에게 말한 내용과 똑같이 설명하여 문서를 작성한 것이라 합니다. 다소 황당하였습니다.

여러분! 전자 체온계는 의료기기법에 따라 한국의료기기산업협회장에게 표준통관예정보고를 마친 후 수입할 수 있습니다.

그 중국인의 물품은 어떻게 되었을까요? 설명서에 'Object'라고 기재되어 있으나 온도 측정 범위가 사람 체온의 측정 범위로 기재되어 있었습니다. 당사는 통관 진행이 어렵습니다. 추측건대 중국인은 본 물품을 의료기기법 비대상으로 통관할 수 있다는 관세사를 찾아 타 관세사무소를 방문하였을 것입니다.

돌이켜 보면 2020년은 코로나19 관련 물품에 대하여 통관 이슈가 많았습니다. 언급한 체온계는 물론 약사법 대상인 보건용 마스크, 마스크 원재료인 부직포의 할당관세 적용, 손소독제 등이 생각납니다. 여전히 코로나19 2차, 3차 확진자가 발생하고 있습니다. 코로나19가 완전 종식되기를 바랍니다. 그날이 빨리 오면 좋겠습니다.

관세법

제71조(할당관세)

① 다음 각 호의 어느 하나에 해당하는 경우에는 100분의 40의 범위의 율을 기본세율에서 빼고 관세를 부과할 수 있다. 이 경우 필요하다고 인정될 때에는 그 수량을 제한할 수 있다.

    1. 원활한 물자수급 또는 산업의 경쟁력 강화를 위하여 특정물품의 수입을 촉진할 필요가 있는 경우
    2. 수입가격이 급등한 물품 또는 이를 원재료로 한 제품의 국내가격을 안정시키기 위하여 필요한 경우
    3. 유사물품 간의 세율이 현저히 불균형하여 이를 시정할 필요가 있는 경우

② 특정물품의 수입을 억제할 필요가 있는 경우에는 일정한 수량을 초과하여 수입되는 분에 대하여 100분의 40의 범위의 율을 기본세율에 더하여 관세를 부과할 수 있다. 다만, 농림축수산물인 경우에는 기본세율에 동종물품·유사물품 또는 대체물품의 국내외 가격차에 상당하는 율을 더한 율의 범위에서 관세를 부과할 수 있다.

③ 제1항과 제2항에 따른 관세를 부과하여야 하는 대상 물품, 수량, 세율, 적용기간 등은 대통령령으로 정한다.

④ 기획재정부장관은 매 회계연도 종료 후 5개월 이내에 제1항부터 제3항까지의 규정에 따른 관세의 전년도 부과 실적 및 그 결과(관세 부과의 효과 등을 조사·분석한 보고서를 포함한다)를 국회 소관 상임위원회에 보고하여야 한다.

(통관)
계약 확정 후 수출신고하세요

수출업체 중에는 남달리 수출신고 정정을 많이 진행하는 업체가 있습니다. 법규준수도와 오류점수 등에 영향을 미칩니다. 수출입신고 오류방지에 관한 고시에 의하여 P/L 제재를 받습니다.

우리는 생각합니다. 왜 이렇게 수출신고 정정을 많이 진행하는 것일까요? 일반적인 정정이 아닌 비정상적인 정정이 있습니다. 예를 들어 최초 수출신고 당시에 이미 정정이 예상됩니다. 해외거래처와 계약체결이 완전히 확정되지 않았는데도 계약체결을 예상하여 수출신고를 진행합니다. 심지어 일부 수출업체의 경우 영업 담당자의 실적과 연계되어 있어 무리하게 수출신고를 진행하는 것이지요. 수량 등이 확정되지 않은 상태의 일종의 허위신고 가능성이 있습니다. 정정할 수밖에 없는 상황이 되는 것이지요.

당사의 거래업체 'O'는 당사를 포함하여 다수의 관세사무소를 이용합니다. RING! RING! 관세사님! 안녕하세요. 네, 무엇을 도와드릴까요? 궁금한 사항이 있습니다. 관세사님 측에서 진행한 건은 아니고 타 관세사무소 진행한 건인데 통고처분을 받았다는 것입니다. 이유는 위에서 언급한 사례와 비슷한 것입니다.

법규준수도란

수출입관련 법령(관세법, 환급특례법, FTA 특례법, 대외무역법, 외국환거래법 등)에 따라 세관업무와 관련한 각종 신고·제출·납부·이행 등 법정사항에 대한 준수정도와 관세정책에 대한 참여정도를 말합니다. 근거 규정으로 통합 법규준수도 평가와 운영에 관한 시행세칙이 있습니다.

수출입신고 오류방지에 관한 고시

제9조(오류에 대한 제재 등)

① 관할지세관장은 오류를 발생시킨 신고인 등에 대해서 제4조 및 제8조에 따라 전 분기 전국세관에서 발생한 오류점수를 수출 또는 수입 업무별로 구분하여 누적한 오류점수 및 오류점수비율별로 별표 1의 제재기준에 따라 P/L 제재를 한다. 다만, 관세행정의 원활한 운영을 위하여 관세청장이 필요하다고 인정하는 경우에는 P/L 제재를 경감하여 적용할 수 있다.

② 귀책사유자별 오류점수 및 오류점수 비율이 제재기준에 해당하면, 제재대상에 해당되는 귀책사유자를 통하여 신고되거나 귀책사유자가 포함되어 있는 신고 건에 제재가 적용되며, 오류점수 산출 및 P/L 제재는 관세사의 경우 관세사자격증부호, 화주의 경우 통관고유부호, 화물운송주선업자의 경우 화물운송주선업자부호를 기준으로 한다.

③ 업무별로 오류점수가 500점 초과이고 오류점수비율이 30% 이상인 신고인 등에 대하여는 P/L 제재와 병행하여 별표 2의 조정내역에 따라 해당 업무의 검사비율을 상향하여 적용한다.

④ 수정신고를 하여 신고서를 정정하는 건 중 다음 각 호에 해당하는 경우에는 오류에 대한 제재를 50% 경감하여 적용한다.

1. 기업심사 결과에 따라 수정신고를 하여 신고서를 정정하는 경우
2. 직전분기 오류점수가 발생하지 않은 신고인 등이 수정신고를 하여 신고서를 정정하는 경우

⑤ 관할지세관장은 해당 분기가 만료된 후 다음 달의 말일이 경과되기 전까지 제5조부터 제7조까지에 따라 확정된 제재내용을 전산등록하여야 한다.

⑥ 제재대상자에 대한 제1항의 조치는 제6조와 제7조에 따라 오류점수가 확정된 월의 다음 달 1일부터 시행한다.

⑦ 세관장은 제9조 및 11조에 따른 제재 경감 사유가 중복 적용될 경우에는 가장 높은 경감 비율에 해당하는 사유를 적용한다. 다만 제14조에 따른 수출입 안전관리 우수업체에 대한 경감은 중복하여 적용한다.

여기는 동행 관세사무소 서초 캠퍼스입니다

덤핑방지관세는 익숙하지 않아서…

당사의 거래업체가 문의합니다. 관세사님! 중국에서 대한민국으로 HS번호 '3920.62-0000' 물품이 수입 예정입니다. 관세율을 알고 싶습니다. 아래의 관세율을 살펴보겠습니다. 2023년 4월 25일 기준으로 작성하였습니다.

No	세율 종류	우선순위
1	덤핑방지관세 3.19~60.95% (+)	가장 우선 적용
2	한-중 FTA 0% 중국 RCEP 5.2%	3~7보다 낮은 경우 우선 적용
3	WTO 협정관세 6.5%	4~7보다 낮은 경우 우선 적용
4	조정관세 일부, 계절관세	5~7보다 낮은 경우 우선 적용
4	할당관세	5보다 낮은 경우 우선 적용 6, 7보다 우선 적용
5	일반특혜관세	6, 7보다 우선 적용

6	잠정세율	7보다 우선 적용
7	기본세율 (8%)	

덤핑방지관세율이 가장 우선 적용되는 것을 확인할 수 있습니다. 참고로 덤핑방지관세는 공급국과 공급자에 따른 세율이 차등 적용되며 적용 기간이 있어 재심사 등을 통하여 업데이트됩니다.

업체에서 덤핑방지관세 관련 문의를 하고 관세사무소에서 답변을 하는 경우 유의할 점이 있습니다.

위의 표를 보면 덤핑방지관세의 세율 옆에 '가장 우선 적용'이라는 문구가 보이고 세율이 '3.19~60.95%' 기재되어 있습니다. 공급국과 공급자에 따른 세율이 차등 적용되기에 해당 공급국과 공급자에 따른 덤핑방지관세의 세율을 찾아 업체에게 답변을 합니다. 그런데 적용 관세율은 실행 관세율에 덤핑방지관세율을 더한 것입니다. 제가 무슨 말씀을 드리는 것인지 이해하셨는지요? 덤핑방지관세율 옆에 (+)표시가 된 것을 확인할 수 있습니다. 만약 덤핑방지관세율이 '3.19%'라고 가정하고 실행 관세율이 중국 RCEP '5.2%'이면 '3.19%+5.2%'가 적용 관세율입니다. 한-중 또는 한-중 RCEP 원산지증명서가 없는 경우 '3.19%+6.5%'가 적용 관세율입니다. 관세사무소에서 위의 표를 보고 기계적으로 답변을 하다 보면 놓치는 부

여기는 동행 관세사무소 서초 캠퍼스입니다

분입니다. 단순히 '3.19%'라고 답변하는 실수를 할 수 있습니다. 또한 공급국과 공급자를 검토할 때 공급자 부분에서 기타 공급자 부분을 놓치는 경우도 있습니다. 유의하세요! 당사의 최기석 수석 컨설턴트는 절대 놓치지 않습니다. 단언컨대 최기석 수석 컨설턴트는 대한민국 최고의 통관 전문가입니다.

관세법

제51조(덤핑방지관세의 부과대상) 국내산업과 이해관계가 있는 자로서 대통령령으로 정하는 자 또는 주무부장관이 부과요청을 한 경우로서 외국의 물품이 대통령령으로 정하는 정상가격 이하로 수입(이하 "덤핑"이라 한다)되어 다음 각 호의 어느 하나에 해당하는 것(이하 이 관에서 "실질적 피해 등"이라 한다)으로 조사를 통하여 확인되고 해당 국내산업을 보호할 필요가 있다고 인정되는 경우에는 기획재정부령으로 그 물품과 공급자 또는 공급국을 지정하여 해당 물품에 대하여 정상가격과 덤핑가격 간의 차액(이하 "덤핑차액"이라 한다)에 상당하는 금액 이하의 관세(이하 "덤핑방지관세"라 한다)를 추가하여 부과할 수 있다.

1. 국내산업이 실질적인 피해를 받거나 받을 우려가 있는 경우
2. 국내산업의 발전이 실질적으로 지연된 경우

제52조(덤핑 및 실질적 피해 등의 조사)

① 제51조에 따른 덤핑 사실과 실질적 피해 등의 사실에 관한 조사는 대통령령으로 정하는 바에 따른다.

② 기획재정부장관은 덤핑방지관세를 부과할 때 관련 산업의 경쟁력 향상, 국내 시장구조, 물가안정, 통상협력 등을 고려할 필요가 있는 경우에는 이를 조사하여 반영할 수 있다.

제53조(덤핑방지관세를 부과하기 전의 잠정조치)

① 기획재정부장관은 덤핑방지관세의 부과 여부를 결정하기 위하여 조사가 시작된 경우로서 다음 각 호의 어느 하나에 해당하는 경우에는 조사기간 중에 발생하는 피해를 방지하기 위하여 해당 조사가 종결되기 전이라도 대통령령으로 정하는 바에 따라 그 물품과 공급자 또는 공급국 및 기간을 정하여 잠정적으로 추계(推計)된 덤핑차액에 상당하는 금액 이하의 잠정덤핑방지관세를 추가하여 부과하도록 명하거나 담보를 제공하도록 명하는 조치(이하 이 관에서 "잠정조치"라 한다)를 할 수 있다.

1. 해당 물품에 대한 덤핑 사실 및 그로 인한 실질적 피해 등의 사실이 있다고 추정되는 충분한 증거가 있는 경우
2. 제54조에 따른 약속을 위반하거나 약속의 이행에 관한 자료제출 요구 및 제출자료의 검증 허용 요구를 따르지 아니한 경우로서 이용할 수 있는 최선의 정보가 있는 경우

② 다음 각 호의 어느 하나에 해당하는 경우에는 대통령령으로 정하는 바에 따라 납부된 잠정덤핑방지관세를 환급하거나 제공된 담보를 해제하여야 한다.

1. 잠정조치를 한 물품에 대한 덤핑방지관세의 부과요청이 철회되어 조사가 종결된 경우
2. 잠정조치를 한 물품에 대한 덤핑방지관세의 부과 여부가 결정된 경우
3. 제54조에 따른 약속이 수락된 경우

③ 제2항에도 불구하고 다음 각 호의 어느 하나에 해당하는 경우 덤핑방지관세액이 잠정덤핑방지관세액을 초과할 때에는 그 차액을 징수하지 아니하며, 덤핑방지관세액이 잠정덤핑방지관세액에 미달될 때에는 그 차액을 환급하여야 한다.

1. 덤핑과 그로 인한 산업피해를 조사한 결과 해당 물품에 대한 덤핑 사실 및 그로 인한 실질적 피해 등의 사실이 있는 것으로 판정된 이후에 제54조에 따른 약속이 수락된 경우
2. 제55조 단서에 따라 덤핑방지관세를 소급하여 부과하는 경우

여기는 동행 관세사무소 서초 캠퍼스입니다

제54조(덤핑방지관세와 관련된 약속의 제의)

① 덤핑방지관세의 부과 여부를 결정하기 위하여 예비조사를 한 결과 해당 물품에 대한 덤핑 사실 및 그로 인한 실질적 피해등의 사실이 있는 것으로 판정된 경우 해당 물품의 수출자 또는 기획재정부장관은 대통령령으로 정하는 바에 따라 덤핑으로 인한 피해가 제거될 정도의 가격수정이나 덤핑수출의 중지에 관한 약속을 제의할 수 있다.

② 제1항에 따른 약속이 수락된 경우 기획재정부장관은 잠정조치 또는 덤핑방지관세의 부과 없이 조사가 중지 또는 종결되도록 하여야 한다. 다만, 기획재정부장관이 필요하다고 인정하거나 수출자가 조사를 계속하여 줄 것을 요청한 경우에는 그 조사를 계속할 수 있다.

제55조(덤핑방지관세의 부과 시기) 덤핑방지관세의 부과와 잠정조치는 각각의 조치일 이후 수입되는 물품에 대하여 적용된다. 다만, 잠정조치가 적용된 물품에 대하여 국제협약에서 달리 정하는 경우와 그 밖에 대통령령으로 정하는 경우에는 그 물품에 대하여도 덤핑방지관세를 부과할 수 있다.

제56조(덤핑방지관세에 대한 재심사 등)

① 기획재정부장관은 필요하다고 인정될 때에는 대통령령으로 정하는 바에 따라 덤핑방지관세의 부과와 제54조에 따른 약속에 대하여 재심사를 할 수 있으며, 재심사의 결과에 따라 덤핑방지관세의 부과, 약속 내용의 변경, 환급 등 필요한 조치를 할 수 있다.

② 기획재정부장관은 제1항에 따른 재심사에 필요한 사항으로서 덤핑방지조치 물품의 수입 및 징수실적 등 대통령령으로 정하는 사항을 조사할 수 있다.

③ 덤핑방지관세의 부과나 제54조에 따라 수락된 약속은 기획재정부령으로 그 적용시한을 따로 정하는 경우를 제외하고는 해당 덤핑방지관세 또는 약속의 시행일부터 5년이 지나면 그 효력을 잃으며, 제1항에 따라 덤핑과 산업피해를 재심사하고 그 결과에 따라 내용을 변경할 때에는 기획재정부령으로 그 적용시한을 따로 정하는 경우를 제외하고는 변경된 내용의 시행일부터 5년이 지나면 그 효력을 잃는다.

④ 제1항부터 제3항까지의 규정과 제51조부터 제55조까지의 규정에 따른 덤핑방지관세의 부과 및 시행 등에 필요한 사항은 대통령령으로 정한다.

여기는 동행 관세사무소 서초 캠퍼스입니다

(통관)
거짓말 거짓말 거짓말

가수 이적의 노래 〈거짓말 거짓말 거짓말〉의 '♬ ~ 잠깐이면 될 거라고 했잖아 여기 서 있으라 말했었잖아 ~ #'이란 소절이 떠오릅니다. 그 사례를 보겠습니다. 수출 관련 제도 중에서 여전히 뜨거운 것이라면 '물품의 장치장소' 관련일 것입니다.

어느 훌륭한 관세사님이 '계간 관세사' 논단을 통하여 수출신고서 제21란 '물품의 장치장소' 기재에 관한 검토를 올리고 한국관세사회에서 관세청 규제 개선 개정(안) 건의도 올리고 많은 분들이 개정을 위하여 애쓰고 있습니다. 과거 어느 세관에서는 물품의 실제 소재지와 그 소재지의 관할 세관으로 수출신고하지 아니하고 다른 세관으로 수출신고하였다는 이유로 어느 관세법인에게 허위신고죄를 적용하여 통고처분한 사례도 있습니다.

실무를 하다 보면 여전히 세관, 관세사무소 그리고 화주 간에 이슈가 되고 있습니다. 과거 당사의 거래업체인 화주 그리고 포워더와 의사소통하면서 수출신고를 진행하였습니다. 수출신고 송신 후 수신을 받아보니 '신고지 검사'입니다. 컨테이너 2대 중에 1대는 수출신고한 물품의 장치장소에 있으며 1대는 적재지로 출발한 상태입니다. 의사소통을 진행하고 수출신고를 준비하는 동안 그사이 분명히 실시간 수출물품 위치를 추적하는 것은 한계가 있습니다. 시간 차가 존재합니다. 누가 거짓말을 한다고 전달하는 것이 맞는 것일까요? 가수 이적의 노래 〈거짓말 거짓말 거짓말〉이 떠오르는 이유입니다.

관세법 제276조(허위신고죄 등) (필요 부분만 발췌)

② 다음 각 호의 어느 하나에 해당하는 자는 물품원가 또는 2천만 원 중 높은 금액 이하의 벌금에 처한다.

  4. 제241조제1항·제2항 또는 제244조제1항에 따른 신고를 할 때 제241조제1항에 따른 사항을 신고하지 아니하거나 허위신고를 한 자(제275조의3제2호에 해당하는 자는 제외한다)

관세법(필요 부분만 발췌)

제241조(수출·수입 또는 반송의 신고)

① 물품을 수출·수입 또는 반송하려면 해당 물품의 품명·규격·수량 및 가격과 그 밖에 대통령령으로 정하는 사항을 세관장에게 신고하여야 한다.

관세법 시행령(필요 부분만 발췌)

여기는 동행 관세사무소 서초 캠퍼스입니다

제246조(수출·수입 또는 반송의 신고) ①법 제241조제1항에서 "대통령령으로 정하는 사항"이란 다음 각 호의 사항을 말한다.

1. 포장의 종류·번호 및 개수
2. 목적지·원산지 및 선적지
3. 원산지표시 대상물품인 경우에는 표시유무·방법 및 형태
4. 상표
5. 납세의무자 또는 화주의 상호(개인의 경우 성명을 말한다)·사업자등록번호·통관고유부호와 해외공급자부호 또는 해외구매자부호
6. 물품의 장치장소
7. 그 밖에 기획재정부령으로 정하는 참고사항

관세법 시행규칙 (필요 부분만 발췌)

제77조의6(수출·수입 또는 반송의 신고)

① 영 제246조제1항제7호에서 "기획재정부령으로 정하는 참고사항"이란 다음 각 호를 말한다.

1. 물품의 모델 및 중량
2. 품목분류표의 품목 번호
3. 법 제226조에 따른 허가·승인·표시 또는 그 밖의 조건을 갖춘 것임을 증명하기 위하여 발급된 서류의 명칭

(기타)

We are planning a conference call by zoom.

당사의 거래업체인 'T'업체는 외국계 포워더입니다. 'T'업체, 또 다른 외국계 기업인 'D'화주 그리고 당사가 수입통관 세팅을 위하여 영어로 화상 회의(Video Conference)를 진행합니다. 당사에서는 저와 서정원 책임 컨설턴트(제38회 관세사 시험 합격)가 콘퍼런스 콜을 준비합니다.

Hello, Sean! We are planning a conference call by zoom.

지난 저서 『관세사무소에서 희망을 찾다』에서 다음과 같은 글을 쓴 적이 있습니다.

제가 가지고 있는 무기는 관세사 자격증과 경제학 전공 그리고 굳이 하나를 뽑자면 영작이었습니다. 영작은 완벽한 것이 아니라 어디서 생긴 자신감인지 몰라도 영작에 대한 두려

움이 없기에 굳이 하나를 뽑은 것입니다.

화상 회의(Video Conference)는 'writing'이 아닌 'speaking'이기에 긴장되는 순간입니다.

My fellow participants!
My name is Sean, a representative of Companion Agency for Customs & Trade Service.

It is great honor to present 'Business Proposal' for your company.

Here is a Table of Contents.
First we will explain 'Outline of Proposal.'
Second we will tell you about 'Introduction and Competitiveness of Companion Agency.'
Third we will show you 'Service Proposal of Companion Agency.'
Last It is 'Quotation Proposal.'

Any questions?

Thank you very much for your focused attention!

현재 'D'화주는 서정원 책임 컨설턴트(제38회 관세사 시험 합격)가 영어로 의사소통하며 잘 세팅되어 통관이 진행되고 있습니다.

저는 2003년도(제20회) 관세사자격시험 최종 합격 이후 많은 선후배 관세사님을 접하였고 접하고 있습니다. 그런데 일부 관세사님들은 업무를 진행함에 있어 한정된 실무만 하는 경향이 있습니다. 관세사 경력이 얼마 되지 않은 경우 한정된 실무를 하는 것은 이해되나 시간이 지나도 한정된 실무를 고집하는 경우가 있습니다. 안타까운 부분입니다. 예를 들어 시간이 지나면 관리자 위치에 오를 것이고 영업, 비딩, 발표 그리고 다양한 관리 등의 업무가 발생합니다. 미시적 안목뿐만 아니라 거시적 안목이 필요합니다.

여기는 동행 관세사무소 서초 캠퍼스입니다

(기타)
느려도 괜찮아

관세사님! 타 관세사무소에서 수출신고 진행한 과거 2년 치 수출신고필증 200건을 이메일로 보내드렸습니다. 간이정액환급 신청 부탁드립니다. 환급 수수료는 많이 드리겠습니다. 각 연도의 간이정액환급액을 확인하고 야근하면서 수출신고필증 자료를 하나씩 입력합니다. 모두 입력 후 확인합니다. 세상에! 수출업체인 중소기업이 제조한 물품이 아닙니다. 간이정액환급 신청을 할 수 없습니다.

간이정액환급의 정의

간이정액환급제도는 중소기업의 수출 지원 및 환급절차 간소화를 위해 간이정액환급 대상 중소기업이 생산하여 수출한 물품에 대하여는 수출물품 생산에 소요된 원재료의 납부세액 확인을 생략하고 수출사실만을 확인하여 간단하게 환급하는 제도

관세사님! BOM, 제조공정도, 원산지확인서, 원산지소명서 등 원산지증명서 발급을 위한 서류를 이메일로 보내드렸습니다. 원산지증명서 발급 부탁드립니다. 원산지증명서 발급 세팅 수수료는 많이 드리겠습니다. 각 서류를 확인하고 야근하면서 원산지증명서 발급을 위한 세팅을 준비합니다. 모두 세팅 후 확인합니다. 세상에! 불인정공정에 해당합니다. 원산지증명서 신청을 할 수 없습니다.

불인정공정의 정의

원산지를 부여하기에 불충분하다고 간주되는 공정으로 협정상 불인정공정으로 해당되는 공정은 원산지상품으로 인정하지 않는 제도

느려도 괜찮습니다. 서두르지 마세요. 설계를 잘하시고 시작하세요. 그것이 빠른 길입니다.

여기는 동행 관세사무소 서초 캠퍼스입니다

CHAPTER

2

관세사가 실제 쓴 의견서 2

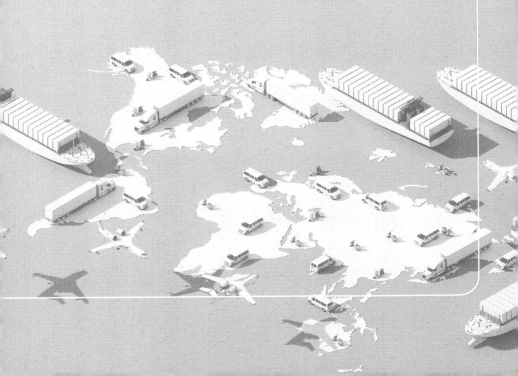

관세사가 실제 쓴 의견서는 업체가 알아야 할 업무에 대하여 정리하여 드리고 업체가 보고하여야 할 부분에 대하여 도와드리기 위하여 작성한 것입니다. 제시되는 의견서의 분야별 샘플은 가급적 업체의 난해한 질의가 아닌 보편적인 질의에 대한 의견서로 제시하였습니다. 업체의 상호, 경영정보 등은 삭제하였습니다. 작성 시기에 따라 현재 법률과 맞지 않는 부분이 있을 수 있습니다. 의견서의 모든 내용은 일반적인 정보 제공을 위한 것일 뿐이며 유권해석이 아닙니다.

(수출통관, 2019.5.13. 작성)
건설기계를 수출하는 경우의 검토

□ **질의 요지**

건설기계를 수출하는 경우에 대하여 문의하였습니다. 당사에
서는 귀사에서 제공한 정보만을 가지고 검토하였습니다.

□ **검토 의견**

1. 건설기계 수출요건

건설기계관리법(필요 부분만 발췌)
제6조(등록의 말소 등)
① 시·도지사는 등록된 건설기계가 다음 각 호의 어느 하나에 해당하는 경우에 는 그 소유자의 신청이나 시·도지사의 직권으로 등록을 말소할 수 있다.
6. 건설기계를 수출하는 경우
건설기계관리법 시행령 별표1 (건설기계의 범위)

      여기는 동행 관세사무소 서초 캠퍼스입니다

→ 수출자가 해외에서 건설사업에 종사하고 있는 우리나라의 법인에 무상으로 송부하는 경우에는 해외건설협회(☎ 02-3406-1114)의 승인을 받아 수출하여야 합니다.

□ **관련 법령**

통일상품명 및 부호체계에 관한 국제협약과 그 부속서
건설기계관리법·시행령
관세청 관세행정 상담사례집 등

수출 예정 물품(조상)에 대한 통관 측면 검토

□ 질의 요지

귀사에서 수출 예정 물품(조상)에 대한 통관 측면 검토를 의뢰하였습니다. 당사에서는 귀사에서 제공한 정보만을 가지고 검토하였습니다.

□ 검토 의견

1. 수출 예정 물품에 대한 예상 HS번호 정리

HS번호			용어
9703	00		오리지널 조각과 조상(彫像) (어떤 재료라도 가능하다)
		2000	조상(彫像)

여기는 동행 관세사무소 서초 캠퍼스입니다

2. 세관장확인대상

문화재보호법 제2조에 해당하는 문화재 중 아래의 문화재에 대해서는 문화재청장의 허가 또는 확인을 받은 경우 이외에는 수출(반출포함)할 수 없음.

- 불교조각 : 여래(석가불, 아미타불, 미륵불, 약사불, 비로자나불, 탄생불 등), 보살(관음보살, 대세지보살, 문수보살, 보현보살, 지장보살, 일광보살, 월광보살 등), 천부(사천왕, 인왕, 범천, 제석천, 팔부중, 비천, 가릉빈가 등), 나한(나한상, 유마거사, 오백나한, 십육나한 등), 명왕(명왕상, 공작명왕 등), 기타(동자상, 성문, 선재동자 등)
- 석조물 : 탑, 부도, 석등, 당간지주, 석비(이수, 비신, 비좌, 귀부 등), 석조, 기타(신도비, 묘갈, 묘표, 혼유석, 장명등, 망주석, 향로석, 상석과 고석, 입석〈선돌〉, 남녀근석, 제단/성황단, 석간〈돌기둥〉 등)
- 일반조각 : 암벽조각(암각화, 각석 등), 토우(인물상, 동물상, 생활용구/가옥, 배 등), 십이지상(쥐, 소, 호랑이, 토끼, 용, 뱀, 말, 양, 원숭이, 닭, 개, 돼지상), 능묘조각(석인〈문인상, 무인상〉, 석수〈사자, 호랑이, 양, 말, 기린, 코끼리, 해태 등〉, 장승〈천하대장군, 지하여장군, 돌하르방 등〉)
- 근대조각 : 인물조각(두상, 흉상, 전신상 등), 종교조각(불교조각, 신상〈산신상, 성모상〉, 성인상 등)

3. 비문화재의 확인

비문화재의 확인(문화재법 시행규칙 제48조)

1. 일반동산문화재로 오인될 우려가 있는 동산을 비문화재로 확인받아 우편 또는 화물운송 방법으로 국외로 반출하려는 자는 포장 또는 적재하기 전에 그 대상물과 함께 별지 제78호 서식의 신청서 2부를 문화재청장에게 제출하여야 한다. 다만, 여행자가 직접 휴대하여 반출하려는 경우에는 별지 제79호 서식에 따른다.

2. 문화재청장은 대상물이 일반동산문화재가 아님이 확인되면 별지 제78호 서식의 확인서를 신청인에게 내주어야 한다.

3. 여행자가 직접 휴대하여 반출하기 위하여 확인 요청받은 물품이 일반동산문화재가 아닌 것으로 확인되면 별지 제79호 서식에 따른 확인서를 신청인에게 내주어야 한다. 이 경우 비문화재 확인표지(시행규칙 별표3)를 해당 확인 대상물에 붙여야 한다.

문화재청 / 유형문화재과 / 042-481-4911 / www.cha.go.kr

□ **관련 법령**

통일상품명 및 부호체계에 관한 국제협약과 그 부속서
문화재보호법·시행령·시행규칙 등

여기는 동행 관세사무소 서초 캠퍼스입니다

수입 예정 물품인
'다이아몬드' 관련 통관 측면 검토

□ 질의 요지

귀사에서 수입 예정 물품인 '다이아몬드' 관련 통관 측면 검토를 의뢰하였습니다. 당사에서는 귀사에서 제공한 정보만을 가지고 통관 측면에 대하여 검토하였습니다.

□ 검토 의견

1. 의뢰한 물품의 예상 HS번호 정리

HS번호			용어
7102			다이아몬드(가공한 것인지에 상관없으며 장착되거나 세트로 된 것은 제외한다)
	3		공업용이 아닌 것

	39	0000	원석(단순히 톱질한 것이나 쪼갠 것으로 한정한다)이 아닌 기타

※ 수출자 측에서 제공한 HS번호 및 원산지증명서상의 HS
번호 등이 위와 상이한 경우 당사에 통보하여 주시기 바
랍니다.

2. 예상 HS번호에 대한 관세율

HS번호	기본관세율	WTO협정	아-태 협정 (인도)	모든 FTA 국가
7102.39-0000	5%	5%	2.5%	0%

※ FTA의 경우 원산지증명서(원산지신고서) 구비 필수(원산지
결정기준 충족 필수)
※ 예상 HS번호와 상이 HS번호의 경우 관세율 위와 상이

3. 예상 HS번호에 대한 개별소비세 정리 (관련 대상 내용만 정리)

개별소비세법

제1조(과세대상과 세율)

② 개별소비세를 부과할 물품(이하 "과세물품"이라 한다)과 그 세율은 다음과 같다.

2. 다음 각 목의 물품에 대해서는 그 물품가격 중 대통령령으로 정하는 <u>기준가격(이하 "기준가격"이라 한다)을 초과하는 부분의 가격(이하 이 호에서 "과세가격"이라 한다)에 해당 세율을 적용한다.</u>

    가. 다음의 물품에 대해서는 <u>과세가격의 100분의 20</u>
        1) **보석**[공업용 다이아몬드와 가공하지 아니한 원석(原石)은 제외한다], 진주, 별갑(鼈甲), 산호, 호박(琥珀) 및 상아와 이를 사용한 제품
        2) 귀금속 제품

개별소비세법 시행령 〔별표 1〕 과세물품(제1조 관련)

3. 법 제1조 제2항제2호 가목1)·2)에 해당하는 물품	가. **보석**(공업용 다이아몬드와 가공하지 않은 원석은 제외한다), 진주, 별갑, 산호, 호박 및 상아와 이를 사용한 제품
	1) 보석 및 보석을 사용한 제품
	  가) 보석(합성 또는 재생의 것을 포함한다): 다이아몬드, 루비, 사파이어, 알렉산드라이트, 크리소베릴, 토파즈, 스피넬, 에메랄드, 아콰마린, 베릴, 투어멀린, 지르콘, 크리소라이트, 가네트, 오팔, 비취(연옥은 제외한다), 마노, 묘안석, 공작석, 터키석, 월장석, 청금석, 쿤자이트, 부라스톤, 헤마타이트
	  나) 보석을 사용한 제품: 장신용구, 화장용구

개별소비세법 시행령

제4조(기준가격) 법 제1조제2항제2호의 물품에 대하여 적용하는 기준가격은 다음 각 호의 구분에 따른다.

1. 법 제1조제2항제2호가목1) 및 2)의 물품과 같은 호 나목1)의 물품 : **1개당 500만 원**

※ 개별소비세액 =

$$[(관세의\ 과세가격+관세) - 기준가격(500만\ 원)] * 20\%$$

4. 예상 HS번호에 대한 교육세법 정리(관련 대상 내용만 정리)

제3조(납세의무자) 다음 각 호의 어느 하나에 해당하는 자는 이 법에 따라 교육세를 납부할 의무를 진다.

2. 「개별소비세법」에 따른 개별소비세(「개별소비세법」 제1조제2항제4호 가목·나목·마목·사목·자목 및 같은 항 제6호의 물품에 대한 것은 제외한다. 이하 같다)의 납세의무자

제5조(과세표준과 세율)

① 교육세는 다음 각 호의 과세표준에 해당 세율을 곱하여 계산한 금액을 그 세액으로 한다.

호별	과세표준	세율
1	금융·보험업자의 수익금액	1천분의 5
2	「개별소비세법」에 따라 납부하여야 할 개별소비세액	100분의 30. 다만 「개별소비세법」 제1조제2항제4호다목·라목·바목 및 아목의 물품인 경우에는 100분의 15로 한다.

여기는 동행 관세사무소 서초 캠퍼스입니다

3	「교통·에너지·환경세법」에 따라 납부 하여야 할 교통·에너지·환 경세액	100분의 15
4	「주세법」에 따라 납부하여야 할 주세액	100분의 10. 다만 주세의 세율이 100분의 70을 초과하는 주류에 대하여는 100분의 30으로 한다.

※ 교육세액 = 개별소비세액 * 30%

5. 환급대상 수출물품 반입확인서

※ 귀사와 동행 관세사무소의 금일 미팅에서 언급된 환급 내용으로써 귀사의 수입물품을 보세판매장에 반입하는 경우 '환급대상 수출물품 반입확인서'를 발급받고 환급신청인으로 기재된 자는 환급받을 수 있습니다.

수출용원재료에 대한 관세 등 환급사무처리에 관한 고시

제2조(정의) 이 고시에서 사용하는 용어의 뜻은 다음과 같다.

4. "환급대상수출물품반입(적재)확인서"(이하 "반입적재확인서"라 하며, 구분시 가목은 "반입확인서", 나목은 "적재확인서"라 한다)란 다음 각 목의 어느 하나 에 해당하는 물품에 대하여 세관장이 확인하고 발급하는 서류를 말한다.

가. 법 제4조제3호 및 「수출용원재료에 대한 관세 등 환급에 관한 특례법 시 행규칙」(이하 "규칙"이라 한다) 제2조제3항에 따른 보세창고, 보세공장, **보세판매장**, 종합보세구역 및 자유무역지역 **안의 입주업체에 반입하는 수 출용원재료와 판매물품 등**

□ **관련 법령**

통일상품명 및 부호체계에 관한 국제협약과 그 부속서

개별소비세법·시행령·시행규칙

교육세법·시행령·시행규칙

수출용원재료에 대한 관세 등 환급사무처리에 관한 고시 등

(수입통관, 2020.4.6. 작성)
관세법 제252조(수입신고수리전 반출) 관련 내용 정리

□ 질의 요지

귀사에서 관세법 제252조(수입신고수리전 반출) 관련 문의를 하였습니다. 관련 내용을 정리합니다. 당사에서는 귀사에서 제공한 정보만을 가지고 검토하였습니다.

□ 검토 의견

1. 관세법 제252조(수입신고수리전 반출) (필요부분만 발췌)

> **수입신고를 한 물품을 제248조에 따른 세관장의 수리 전에 해당 물품이 장치된 장소로부터 반출하려는 자는 납부하여야 할 관세에 상당하는 담보를 제공하고 세관장의 승인을 받아야 한다.** 다만, 정부 또는 지방자치단체가 수입하거나 담보를 제공하지 아니하여도 관세의 납부에 지장이 없다고 인정하여 대통

령령으로 정하는 물품에 대하여는 담보의 제공을 생략할 수 있다.

시행령 제256조(신고수리전 반출)

① 법 제252조의 규정에 의한 승인을 얻고자 하는 자는 다음 각호의 사항을 기재한 신청서를 세관장에게 제출하여야 한다.

  1. 제175조 각호의 사항
  2. 신고의 종류
  3. 신고연월일 및 신고번호
  4. 신청사유

수입통관 사무처리에 관한 고시 제38조(신고수리전 반출)

① 수입통관에 곤란한 사유가 없는 물품으로서 다음 각 호의 어느 하나에 해당하는 경우에는 법 제252조에 따라 세관장이 신고수리전반출을 승인할 수 있다.

1. 완성품의 세번으로 수입신고수리 받고자 하는 물품이 미조립상태로 분할선적 수입된 경우
  2. 「조달사업에 관한 법률」에 따른 비축물자로 신고된 물품으로서 실수요자가 결정되지 아니한 경우
  3. 사전세액심사 대상물품(부과고지물품을 포함한다)으로서 세액결정에 오랜 시간이 걸리는 경우
  4. 품목분류나 세율결정에 오랜 시간이 걸리는 경우
  5. 수입신고시 「관세법 시행령」(이하 "영"이라 한다) 제236조제1항제1호에 따라 원산지증명서를 세관장에게 제출하지 못한 경우

② 제1항에 따른 신고수리전 반출을 승인 받고자 하는 자는 세관장에게 수입신고수리전 반출승인(신청)서(별지 제3호 서식)에 신고수리전 반출신청내용을 기재하여 전송하여야 한다.
③ 신고수리전 반출하려는 자는 납부하여야 할 관세 등에 상당하는 담보를 제공하여야 한다.

여기는 동행 관세사무소 서초 캠퍼스입니다

④ 세관장은 신고수리전 반출기간 중에 관세부과 제척기간이 도래하는 물품이 있는 경우 제척기간 도래 전에 법 제39조제1항제3호에 따라 수입화주나 비축물자 수입자에게 해당 관세를 부과하여야 한다.

□ **관련 법령**

관세법·시행령·시행규칙

수입통관 사무처리에 관한 고시 등

(수입통관, 2018.10.29. 작성)
사자(死者) 관련 통관 측면 검토

귀사에서 사자(死者) 관련 통관 측면 검토를 의뢰하였습니다. 의료용 목적이 아닌 사자(死者)입니다. 당사에서는 귀사에서 제공한 정보만을 가지고 검토하였습니다.

□ 검토 의견

1. 수입통관 사무처리에 관한 고시(필요 부분만 발췌)

제70조(수입신고의 생략)

① 다음 각 호의 어느 하나에 해당하는 물품 중 관세가 면제되거나 무세인 물품은 수입신고를 생략한다.

3. 장례를 위한 유해(유골)와 유체

여기는 동행 관세사무소 서초 캠퍼스입니다

② **제1항 각 호의 물품은 B/L**(제70조제1항제7호의 경우에는 물품목록)**만 제시하면 물품보관장소에서 즉시 인도한다.** 이때 B/L 원본을 확인하고 물품인수에 관한 권한있는 자의 신분을 확인하여 인수증을 제출받은 후 인계하여야 한다.

③ 제1항 각 호의 물품에 대한 검사는 무작위선별방식에 의하여 선별된 물품만을 검사한다.

④ 제1항 제3호의 유해(유골)와 유체의 인도시에는 유족의 신분 등을 파악하여 안보위해물품이 위장 반입되지 아니하도록 주의하여야 한다.

□ 관련 법령

수입통관 사무처리에 관한 고시 등

（수입통관, 2018.7.23. 작성）
수입 예정 물품인 '엑스선관(X-ray tube)' 관련 통관 측면 검토

□ 질의 요지

귀사에서 수입 예정 물품인 '엑스선관(X-ray tube)' 관련 통관 측면 검토를 의뢰하였습니다. 당사에서는 귀사에서 제공한 정보만을 가지고 통관 측면에 대하여 검토하였습니다.

□ 검토 의견

X선관(X-ray tube)[2]
엑스선을 발생하는 진공관, 빠른 속도로 운동하는 전자선을 만든 뒤 물질과 부딪혀 X선을 방출하도록 만든 기구이다.

---

[2]   네이버 지식백과

1. 의뢰한 물품의 예상 HS번호 정리

HS번호			용어
9022			엑스선이나 알파선·베타선·감마선을 사용하는 기기 (내과용··외과용··치과용··수의과용인지에 상관없으며 방사선 사진용이나 방사선 치료용 기기·엑스선관과 그 밖의 엑스선 발생기·고압 발생기·조절반·스크린·검사용이나 치료용 테이블·의자와 이와 유사한 물품을 포함한다)
	30	0000	엑스선관

용어의 정리(필요 부분만 발췌)

원자력안전법 제2조(정의)

9. "방사선발생장치"란 하전입자(荷電粒子)를 가속시켜 방사선을 발생시키는 장치로서 <u>대통령령으로 정하는 것(아래)</u>을 말한다.

원자력안전법 시행령 제8조(방사선발생장치)

1. 엑스선발생장치

※ 타 관세법인에서 통관 진행하는 HS번호가 위와 상이할 경우 당사로 통보 바랍니다.

2. 예상 HS번호에 대한 관세율 및 원산지결정기준

HS 번호	국가	WTO 협정 관세 (CIT)	FTA 세율	원산지결정기준
9022. 30-0000	일본	2%	-	-
	미국	2%	0%	다음 각 호의 어느 하나에 해당하는 것에 한정한다. 1. 다른 소호에 해당하는 재료로부터 생산된 것 2. 집적법의 경우 35%, 공제법의 경우 45% 이상의 역내 부가가치가 발생한 것
	EU	2%	0%	다음 각 호의 어느 하나에 해당하는 것에 한정한다. 1. 모든 호(그 제품의 호는 제외한다)에 해당하는 재료로부터 생산된 것 2. 해당 물품의 생산에 사용된 모든 비원산지재료의 가격이 해당 물품의 공장도가격의 50%를 초과하지 아니한 것

※ 각 FTA별 원산지증명서(원산지신고문안) 구비 필수

※ HS번호가 위와 상이할 경우 관세율 및 원산지결정기준 위와 상이

　　　　　여기는 동행 관세사무소 서초 캠퍼스입니다

3. 예상 HS번호에 대한 통합공고 및 세관장확인대상 정리

9022.30-0000	내용
통합공고	원자력안전법 1. 방사선발생장치의 주요부분품은 한국원자력안전재단에 요건확인을 필한 후 수입할 수 있음. 다만, 원자력안전위원회고시 "방사선발생장치에서 제외되는 용도 및 용량 등에 관한 고시"에서 정하는 면제대상은 제외함 자원의 절약과 재활용촉진에 관한 법률 1. 폐기물부담금납부대상제품은 수입 후 한국환경공단에 납부 대상여부를 확인받아야 하며, 재활용의무대상제품, 포장재일 경우 매년 4월 15일까지 전년도의 수입실적을 한국환경공단에 제출하여야 함
세관장확인 대상	원자력안전법 방사선발생장치의 주요부분품은 한국방사선안전재단에게 요건확인을 필한 후 수입할 수 있음. 다만, 원자력안전위원회고시 "방사선발생장치에서 제외되는 용도 및 용량 등에 관한 고시"에서 정하는 면제대상은 제외함

통합공고라 함은
대외무역법 제12조에 의거 대외무역법 이외의 다른 법령에서 수출입 요건 및 절차 등을 규정하고 있는 품목을 모아서 산업통상자원부장관이 공고한 것을 말합니다.

세관장확인대상이라 함은
관세법 제226조에 의거 수출입을 할 때 법령에서 정하는 바에 따라 허가·승인·표시 또는 그 밖의 조건을 갖출 필요가 있는 물품은 세관장에게 그 허가·승인·표시 또는 그 밖의 조건을 갖춘 것임을 증명하여야 합니다.

→ 본 수입 예정 물품인 엑스선관(X-ray tube), 즉 HS번호 '9022.30-0000'의 경우 일반적인 관세법 수입신고 외에 원자력안전법에 의하여 방사선발생장치의 주요 부분품은 한국방사선안전재단에게 요건확인을 필한 후 수입할 수 있습니다.

4. 원자력안전법 대상 검토

1) 원자력안전법 제60조(방사선발생장치 등의 설계승인 등)

① 방사선발생장치 또는 방사성동위원소가 내장된 기기(이하 "방사선기기"라 한다)를 제작하려는 자 또는 **외국에서 제작된 방사선기기를 수입하려는 자는 방사선기기의 형식별로 설계에 대하여 총리령으로 정하는 바에 따라 위원회의 승인을 받아야 한다**. 이를 변경하려는 때에도 또한 같다. 다만, 총리령으로 정하는 경미한 사항을 변경하려는 때에는 이를 위원회에 신고하여야 한다.

> ### 원자력안전법 시행규칙 제83조(방사선기기의 설계변경승인)
>
> 법 제60조제1항 후단에 따라 방사선기기의 설계변경 승인을 받으려는 자는 별지 제76호서식의 신청서에 다음 각 호의 서류를 첨부하여 위원회에 제출하여야 한다.
>
> 　1. 변경사항에 관한 서류
> 　2. 설계승인서

→ 원자력안전법 시행규칙 제82조 제1항에 의거 별지 제74호 서식 신청서

② 제1항에도 불구하고 다음 각 호의 어느 하나에 해당하는 경우에는 위원회의 승인을 받지 아니하고 방사선기기를 제작하거나 수입할 수 있다.

여기는 동행 관세사무소 서초 캠퍼스입니다

1. 제1항에 따라 승인을 받은 방사선기기와 동일한 형식의 방사선기기를 제작하거나 수입하려는 경우
2. 시험용으로 시제품을 개발하거나 비영리 단체의 학술연구를 위한 경우로서 위원회가 정하여 고시하는 기준에 적합한 경우
3. 수출전용으로 방사선기기를 제작하는 경우로서 위원회가 정하여 고시하는 기준에 적합한 경우
4. 그 밖에 대통령령으로 정하는 경우

③ 제1항에 따른 승인을 받으려는 자는 방사선기기의 설계자료(설계의 개요 및 설명, 설계도면), 안전성평가자료(방사선기기의 개요 및 제원, 방사선기기의 재질, 구조 및 안전성 평가, 방사선기기의 설치 및 운영절차, 방사선기기의 시험 및 유지·보수절차), 품질보증계획서(방사선기기를 제작하려는 경우만 해당한다)와 그 밖에 총리령으로 정하는 서류(제작국에서 인증된 제작검사 관련 증명서 또는 제작사가 발행한 품질보증 관련 증명서)를 첨부하여 위원회에 제출하여야 한다.

→ 원자력안전법 시행규칙 제82조 제2항 내지 제6항

④ 제1항에 따른 방사선기기의 형식별 설계승인의 기준은 대통령령으로 정한다.

2) 원자력안전법 제53조(방사성동위원소·방사선발생장치 사용 등의 허가 등)

→ 본 건 관련하여 귀사와 동행 관세사무소의 유선상 언급된 내용으로써 사후관리 부분이 본 부분이 아닌가 추측합니다. 통관과 별개된 사항으로써 통관 이후의 측면입니다.

① 방사성동위원소 또는 방사선발생장치(이하 "방사성동위원소등"이라 한다)를
생산·판매·사용(소지·취급을 포함한다. 이하 같다) 또는 **이동사용하려는 자
는 대통령령으로 정하는 바에 따라 위원회의 허가를 받아야 한다.** 허가받은
사항을 변경하려는 때에도 또한 같다. 다만, 총리령으로 정하는 일시적인 사
용 장소의 변경과 그 밖의 경미한 사항을 변경하려는 때에는 이를 신고하여
야 한다.

— 이하 생략 —

□ **관련 법령**

통일상품명 및 부호체계에 관한 국제협약과 그 부속서
원자력안전법·시행령·시행규칙 등

여기는 동행 관세사무소 서초 캠퍼스입니다

(수입통관, 2019.9.2. 작성)
특정물품(경유) 관련 통관 측면 검토

□ **질의 요지**

귀사에서 수입 예정 물품인 '경유' 관련 통관 측면 검토를 의뢰하였습니다. 당사에서는 귀사에서 제공한 정보만을 가지고 통관 측면에 대하여 검토하였습니다.

□ **검토 의견**

1. 의뢰한 물품의 예상 HS번호 정리

HS번호	참고
2710.19-3000 (경유)	석유와 역청유(瀝靑油)(원유는 제외한다), 따로 분류되지 않은 조제품[석유나 역청유(瀝靑油)의 함유량이 전 중량의 100분의 70 이상인 것으로서 조제품의 기초 성분이 석유나 역청유(瀝

	靑油)인 것으로 한정하며, **바이오디젤을 함유하는 것과 웨이스트 오일(waste oil)은 제외한다**]
2710.20-9300 (경유)	석유와 역청유(瀝靑油)(원유는 제외한다), 따로 분류되지 않은 조제품[석유나 역청유(瀝靑油)의 함유량이 전 중량의 100분의 70 이상이고 조제품의 기초 성분이 석유나 역청유(瀝靑油)인 것으로서 **바이오디젤을 함유하는 것으로 한정한다**][웨이스트 오일(waste oil)은 제외한다]

2. 의뢰한 물품의 예상 HS번호에 따른 관세율 정리 (러시아에서 대한민국으로 수입 가정)

HS번호	기본관세	내국세
2710.19-3000	3%	부가가치세 :10% 교통세 : (탄력세율) 375원/L, (교육세) 15%
2710.20-9300	5%	부가가치세 :10% 교통세 : (탄력세율) 375원/L, (교육세) 15%

→ 관세, 부가가치세 外에 교통세, 교육세 부과 대상입니다.

여기는 동행 관세사무소 서초 캠퍼스입니다

3. 의뢰한 물품의 통합공고 검토

HS번호	통합공고
2710.19-3000 및 2710.20-9300	석유 및 석유대체연료 사업법 1. 석유 및 석유대체연료 사업법 제5조의 규정에 의하여 석유 정제업의 등록을 한 자와 동법 제9조의 규정에 의하여 석유 수출입의 등록을 한 자가 수입할 수 있음. 다만, 석유사 업법 제9조제1항 단서 규정에 의하여 석유수출입업 등록없이 수입할 수 있음 석유 및 석유대체연료 사업법 2. 석유 및 석유대체연료 사업법 제18조제1항 및 동법시행령 제25조의 규정에 의하여 수입신고가 수리된 날이 속한 달 의 다음달 15일 까지 동법시행규칙 제25조의 규정에 의한 석유수입부과금신고서를 한국석유공사에 제출한 후 부과 금 납부서를 교부받아 부과금을 납부하여야 함

4. 통관 관련 법규

수입통관 사무처리에 관한 고시

제104조(액체화물)

① 이 조에서 "액체화물"이라 함은 보세구역의 탱크시설에 장치할 액체화물(**원 유**, 당밀, 동물류, 식물류, 광물류, 유무기액체제로 액체상의 물품)을 말한 다.

② **액체화물은 B/L별 통관을 원칙**으로 한다. 다만 다음 각 호의 경우에는 제 16조에 따라 <u>B/L 분할통관</u>을 할 수 있다.

1. 수출화물 제조에 사용될 원료 수입의 경우
2. 협회, 조합 등에서 일괄 수입한 물품으로서 실수요자별로 수입신고하려는 경우
3. 저장탱크별로 통관하여도 과세수량 확정과 화물관리에 지장이 없는 경우

③ 하나의 탱크시설에 원산지가 다른 액체화물이 혼합 보관된 경우 해당 물품의 원산지는 원산지증명서에 의하며, 수량은 B/L상의 수량에 의하되 검정보고서(Survey Report)상의 검정수량과 일치하지 않는 경우에는 검정수량을 우선 적용한다.

귀사에서 언급한 부분 중 입항 예정지 관련하여

울산세관 ○○○ 반장님 / 여수세관 ○○○ 반장님

1. 통관 시 필요서류 : B/L, 인보이스, 패킹리스트, 주행세 납부영수증,
Survey Report 제출

2. 보세구역에 반입 후 통관, 유조선 분할통관 사례 없음

3. Survey Report는 검정/검량사 화주가 직접 섭외해서 보세구역에 들어가서
통관 전 검정검량 받고 진행

주행세

1. 근거법 : 교통·에너지환경세법
2. 리터당 340원(경유)
3. 납세의무자 : 보세구역으로부터 반출하는 자
   (관세를 납부할 의무가 있는 자)
4. 과세시기 : 수입신고를 하는 때 부과
5. 과세표준 : 수입신고를 하는 때의 수량

군산세관

여기는 동행 관세사무소 서초 캠퍼스입니다

탱크 보세구역 운영자
OOOO : 063-467-0000~0
OO OOOO OOOOOOOO (군산탱크터미널, 특허만 받고 아직 운영하기
전) : 063-000-0000

검정회사 정보
OOO : 010-OOOO-OOOO

또한 수입통관 사무처리에 관한 고시 제104조 제2항에 의거
'액체화물은 B/L별 통관을 원칙'으로 합니다.

다만 예외 조항으로 저장탱크별로 통관하여도
과세수량 확정과 화물관리에 지장이 없는 경우
B/L 분할통관 가능합니다.

□ **관련 법령**

통일상품명 및 부호체계에 관한 국제협약과 그 부속서
수입통관 사무처리에 관한 고시
평택세관 담당자 통화 등

특정물품(항공유) 관련 수입통관 측면 검토

□ **질의 요지**

귀사에서 수입 예정 물품인 '항공유' 관련 통관 측면 검토를 의뢰하였습니다. 당사에서는 귀사에서 제공한 정보만을 가지고 검토하였습니다.

□ **검토 의견**

> 항공유(Aviation Fuel)라 함은 항공기에 쓰는 연료, 즉 가솔린 기관에는 옥탄가가 높은 항공 가솔린을 쓰고, 제트 기관에는 등유를 주성분으로 하는 제트 연료를 쓴다[3].
>
> 귀사에서 보내주신 서류를 보면 'Product Grade'에 'Gasoline/OOOOO'라고 기재되어 있어 가솔린으로 판단하고 답변드립니다.

---

3)   네이버 지식백과

1. 의뢰한 물품의 예상 HS번호 정리

HS번호	참고
2710.1	석유와 역청유(瀝靑油)(원유는 제외한다), 따로 분류되지 않은 조제품[석유나 역청유(瀝靑油)의 함유량이 전 중량의 100분의 70 이상인 것으로서 조제품의 기초 성분이 석유나 역청유(瀝靑油)인 것으로 한정하며, 바이오디젤을 함유하는 것과 웨이스트 오일(waste oil)은 제외한다]
2710.12	경질유(輕質油)와 조제품
2710.12-2000	항공 휘발유

2. 의뢰한 물품의 예상 HS번호에 따른 관세율 정리 (미국에서 대한민국으로 수입 가정)

HS번호	관세율	내국세
2710.12.2000	3% (기본관세) 0%(한-미)	부가가치세 : 10% 교통세 : (탄력세율) 529원/L, (교육세) 15%

→ 관세, 부가가치세 外에 교통세, 교육세 부과 대상입니다.

3. 의뢰한 물품의 통합공고 검토

HS번호	통합공고
2710.12-2000	석유 및 석유대체연료 사업법 1. <u>석유 및 석유대체연료 사업법 제5조의 규정에 의하여 석유정제업의 등록을 한 자와 동법 제9조의 규정에 의하여 석유수출입업의 등록을 한 자가 수입할 수 있음.</u> 다만, 석유사업법 제9조제1항 단서 규정에 의하여 석유수출입업 등록없이 수입할 수 있음 2. 석유 및 석유대체연료 사업법 제18조제1항 및 동법시행령 제25조의 규정에 의하여 수입신고가 수리된 날이 속한 달의 다음달 15일까지 동법시행규칙 제25조의 규정에 의한 석유수입부과금신고서를 한국석유공사에 제출한 후 부과금 납부서를 교부받아 부과금을 납부하여야 함

→ <u>수입자인 '○○○'가 석유 및 석유대체연료사업법에 의거 등록을 하였는지 확인</u>

4. 통관 관련 법규

주행세
1. 근거법 : 교통·에너지환경세법 2. 납세의무자 : 보세구역으로부터 반출하는 자   (관세를 납부할 의무가 있는 자) 3. 과세시기 : 수입신고를 하는 때 부과 4. 과세표준 : 수입신고를 하는 때의 수량

□ **관련 법령**

통일상품명 및 부호체계에 관한 국제협약과 그 부속서
수입통관 사무처리에 관한 고시 등

일정 물품 적재용 트레이 관련 관세 측면 검토

□ 질의 요지

귀사에서 '2019.00.00' 및 '2019.00.00'에 수입 예정 물품(○○
○○)에 대한 관세 부과 여부 검토를 의뢰하였고 당사 문서 시
행 번호 '20190000-001' 및 '20190000-001'로 의견서 송부하
였습니다. 이번 문의는 기존 내용과 상이(相異)하나 유사한 맥
락에서 검토하여 의견서를 드립니다. 당사에서는 귀사에서 제
공한 정보만을 가지고 검토하였습니다.

□ 검토 의견

1. 거래 관계

여기는 동행 관세사무소 서초 캠퍼스입니다

구분	내용
1	일정 물품 수출 시 본 물품(○○)도 함께 수출
2	본 물품(○○) 수입

→ 위 거래 관계는 주신 정보를 가지고 당사가 정리한 거래 관계입니다. 사실관계가 위와 다를 경우 당사로 회신하여 주시기 바랍니다.

2. 관세법 검토(필요 부분만 발췌)

1) 관세법 제99조(재수입면세)

다음 각 호의 어느 하나에 해당하는 물품이 수입될 때에는 그 관세를 면제할 수 있다.

1. **우리나라에서 수출**(보세가공수출을 포함한다)**된 물품으로서 해외에서 제조·가공·수리 또는 사용**(장기간에 걸쳐 사용할 수 있는 물품으로서 임대차계약 또는 도급계약 등에 따라 해외에서 일시적으로 사용하기 위하여 수출된 물품 중 기획재정부령으로 정하는 물품이 사용된 경우와 박람회, 전시회, 품평회, 그 밖에 이에 준하는 행사에 출품 또는 사용된 경우는 제외한다)**되지 아니하고 수출신고 수리일부터 2년 내에 다시 수입**(이하 이 조에서 "재수입"이라 한다)되는 물품. 다만, 다음 각 목의 어느 하나에 해당하는 경우에는 관세를 면제하지 아니한다.

가. 해당 물품 또는 원자재에 대하여 관세를 감면받은 경우
나. 이 법 또는 「수출용·원재료에 대한 관세 등 환급에 관한 특례법」에 따른

환급을 받은 경우

다. 이 법 또는 「수출용 원재료에 대한 관세 등 환급에 관한 특례법」에 따른
환급을 받을 수 있는 자 외의 자가 해당 물품을 재수입하는 경우. 다만,
재수입하는 물품에 대하여 환급을 받을 수 있는 자가 환급받을 권리를
포기하였음을 증명하는 서류를 재수입하는 자가 세관장에게 제출하는
경우는 제외한다.

라. 보세가공 또는 장치기간경과물품을 재수출조건으로 매각함에 따라 관
세가 부과되지 아니한 경우

2. 수출물품의 용기로서 다시 수입하는 물품

3. 해외시험 및 연구를 목적으로 수출된 후 재수입되는 물품

→ <u>위 거래 관계 2번은 위 관세법 제99조(재수입면세) 2. 수
출물품의 용기로서 다시 수입하는 물품에 해당하여 국제 무역
거래 時 수출물품의 용기로서 다시 대한민국으로 수입되는 경
우와 밀접한 관계가 있다고 판단합니다. 즉 인보이스에 별도
로 표기하여 본 물품(OO)에 해당하는 가격에 상응하는 관세
액을 면제받기 위함입니다.</u>

2) 관세사무소 실무상 처리 방법

귀사의 이메일 내용 중에

'본 물품(○○)을 회수품으로 등록하고'라는 부분이 있습니다.
이 부분이 관세사무소에서 수출입 신고 시 '란'을 구분하여 신고합니다.

즉, 위 내용 중 '인보이스에 별도로 표기하여
본 물품(○○)에 해당하는 가격에 상응하는 관세액을
면제받기 위함입니다.'

본 물품(○○)의 일련번호를 관리하여
수출입 신고 시 그 일련번호를 기재하여
세관에서는 그 물품의 이동을 관리 및 관세 면제를 판단합니다.

귀사의 이메일 내용 중에
'관세 면제를 위해 수출자 수입자는 모두 ○○으로 처리함'
이라는 부분이 있습니다.

'관세청 통관기획 47520-345, 2000. 4. 21.' 유권해석에 의하면
'수출자와 수입자가 상이하더라도
재수입되는 물품임이 수출신고필증 등으로
입증·확인되는 경우에는 재수입면세가 불가능한 것은 아니다.'라고 되어 있으나
이는 관세사무소 실무상 상당히 난해함이 있습니다.

본 물품의 일련번호 관리상 수출자와 수입자가 다를 경우
관리의 난해함 및 수입 시 수출신고필증의 확보 어려움 등의 이유입니다.

□ **관련 법령**

관세법·시행령·시행규칙
관세감면실무(한국관세무역개발원 출판) 등

수입 예정 물품인 '가구' 관련 통관 측면 검토

□ 질의 요지

귀사에서 수입 예정 물품인 '가구' 관련 통관 측면 검토를 요청하였습니다. 당사에서는 귀사에서 제공한 정보만을 가지고 검토하였습니다.

구분	사실관계
1	○○에서 대한민국으로 주방 가구 수입 예정
2	물품의 가구는 약 ○○○원이며, ○○○에 전시 예정(샘플 수입)

→ 사실관계 및 질의 사항이 위와 다를 경우 당사로 회신하여 주시기 바랍니다.

구분	질의 사항
1	약 ○○○억 원의 물품 가치를 하락 가치로 수입신고하는 경우

여기는 동행 관세사무소 서초 캠퍼스입니다

2	샘플 수입이기에 관세 및 부가가치세의 면세 여부
3	개별소비세의 면세 여부
4	○ 종류의 가구를 1회로 수입하지 아니하고 2회 또는 3회 등으로 수입하는 경우

→ 사실관계 및 질의 사항이 위와 다를 경우 당사로 회신하여 주시기 바랍니다.

□ 검토 의견

1. 예상 HS번호 정리 및 관세율

HS번호			용어
9403	40	9000	주방용 목제가구 기타
9403	89	0000	기타(주방용 목제가구가 아닌 경우)

HS번호	기본관세율	WTO 협정관세율	한-EU FTA 세율
9403.40-9000	8%	13%	0%
9403.89-0000	8%	0%	0%

→ 보유하고 있는 HS번호를 회신하여 주시기 바랍니다.

2. 관세율 外의 기타 세율

세율의 종류 및 %	과세표준
개별소비세 : 20% (기본세율)	〈(관세의 과세가격+관세)-기준가격〉 * 20% **기준가격 : 800만 원/조, 500만 원/개**
농특세 : 10%	개별소비세액 * 10%
교육세 : 30%	개별소비세액 * 30%
부가가치세율 : 10%	(관세의 과세가격+관세액+개별소비세액+농특세액+교육세액) * 10%

개별소비세액 과세대상 (필요 부분만 발췌)

7. **고급가구**(공예창작품은 제외한다)
  가. 응접용의자, 의자, 걸상류
  나. **장롱**, 장롱 외의 장류, 침대, 상자류, 화장대, 책상, 탁자류, 경대, 목조조각병풍, 조명기구, 실내장식용품, 보석상자, **식탁용품**

---

3. 질의 사항에 대한 답변

1) 약 ○○○억 원의 물품 가치를 하락 가치로 수입신고하는 경우

여기는 동행 관세사무소 서초 캠퍼스입니다

> **관세법 제270조(관세포탈죄 등) (필요 부분만 발췌)**
>
> ① 제241조 제1항·제2항 또는 제244조 제1항에 따른 수입신고를 한 자(제19조 제5항 제1호 다목에 따른 구매대행업자를 포함한다) 중 다음 각 호의 어느 하나에 해당하는 자는 3년 이하의 징역 또는 포탈한 관세액의 5배와 물품원가 중 높은 금액 이하에 상당하는 벌금에 처한다. 이 경우 제1호의 물품원가는 전체 물품 중 포탈한 세액의 전체 세액에 대한 비율에 해당하는 물품만의 원가로 한다.
> 1. 세액결정에 영향을 미치기 위하여 과세가격 또는 관세율 등을 거짓으로 신고하거나 신고하지 아니하고 수입한 자(제19조 제5항 제1호 다목에 따른 구매대행업자를 포함한다)

2) 샘플 수입이기에 관세 및 부가가치세의 면세 여부

> 관세법상 규정한 감면 조항에 해당하는 경우에만 관세 등의 세액을 감면받을 수 있습니다. 본 경우는 감면 조항과 관련이 없습니다.

3) 개별소비세의 면세 여부

> 개별소비세액 과세대상일 경우 개별소비세액을 납부하여야 합니다. 그 대상을 살펴보면 장롱, 식탁용품 등이 기재되어 있는 바 귀사에서 제공한 수입물품이 본 대상에 해당할 것으로 판단합니다. 기준가격은 '800만 원/조', '500만 원/개'이며 조의 개념은 세트 물품을 의미합니다. <u>본 물품이 '조'에 해당할 것으로 판단합니다.</u>
>
> **개별소비세법 시행령 제2조(용어의 정의) (필요 부분만 발췌)**
>
> 3. <u>**"조"란 2개 이상이 함께 사용되는 물품으로서 보통 짝을 이루어 거래되는 것**</u>을 말한다.

4) ○ 종류의 가구를 1회로 수입하지 아니하고 2회 또는 3회 등으로
   수입하는 경우

○ 종류의 가구를 1회로 수입하지 아니하고 2회 또는 3회 등으로 수입하는 경우
관세법 제16조(과세물건 확정의 시기)에 따라 관세는 수입신고를 하는 때의 물
품의 성질과 그 수량에 따라 부과합니다. 즉 매회 수입신고하는 때의 물품의 성
질과 수량에 따라 과세물건이 확정되며 그에 따른 해당 HS번호, 과세가격에 따
라 개별소비세 부과를 판단하여야 합니다. 다만 귀사에서 제공한 물품 가격은
각각 기준가격은 초과할 것으로 판단합니다. 상이 B/L, 상이 일자 수입신고가
이루어져야 합니다. 물류비 등을 고려하여 판단하여야 합니다.

□ **관련 법령**

　통일상품명 및 부호체계에 관한 국제협약과 그 부속서
　관세법·시행령·시행규칙
　개별소비세법·시행령·시행규칙 등

수입 예정 물품인 '말 기름(수입 후 화장품 원료)' 관련 통관 측면 검토

□ 질의 요지

귀사에서 수입 예정 물품인 '말 기름(수입 후 화장품 원료)' 관련 통관 측면 검토를 의뢰하였습니다. 당사에서는 귀사에서 제공한 정보만을 가지고 검토하였습니다.

□ 검토 의견

1. 의뢰한 물품의 예상 HS번호 정리

HS번호		용어
1506.00		그 밖의 동물성 지방과 기름 및 그 분획물(정제했는지에 상관없으며 화학적으로 변성 가공한 것은 제외한다)

	9000	**기타**

2. 예상 HS번호에 대한 관세율

HS번호	기본관세	부가가치세율	비고
1506.00-9000	3%	10%	몽골로부터 수입

3. 예상 HS번호에 대한 세관장확인대상 정리

1506.00-9000	내용
세관장 확인대상	가축전염병 예방법 농림축산검역본부장에게 신고하고 검역을 받아야 한다. (가축전염병 예방법 제32조에 따른 수입금지지역에서 생산 또는 발송되었거나 그 지역을 경유한 지정검역물은 수입할 수 없음) 야생생물보호 및 관리에 관한 법률 통합공고 별표 5에 게기된 품목의 것으로서 야생생물 보호 및 관리에 관한 법률에 따라 적법하게 포획한 것은 시장·군수·구청장의 허가를 받아 수입할 수 있음. 통합공고 별표 6에 게기된 CITES 규제대상품목은 유역환경청장 또는 지방환경청장의 허가를 받아 수입할 수 있음.

여기는 동행 관세사무소 서초 캠퍼스입니다

	화장품법
세관장 확인대상	화장품 원료는 한국의약품수출입협회장에게 전자문서 교환방식에 의한 표준통관예정보고를 필한 후 수입할 수 있음. 다만, 소, 양, 염소 등 반추동물 유래 물질을 함유 또는 사용한 품목(이하 "반추동물 유래품목"이라 한다)의 경우 EU지역산 특정위험물질 유래품목과 영국 및 북아 일랜드산 소 유래품목은 수입을 금지하며, 식품의약품안 전청장이 지정한 국가산 반추동물 유래품목의 경우 반추 동물의 원산국 정부가 발행한 TSE 미감염 증명서를, 식 품의약품안전청장이 지정한 국가 이외의 국가산 반추동 물 유래품목의 경우 반추동물의 원산지를 증명할 수 있 는 서류를 표준통관예정보고시(동물의 학명, 적출부위, 롯트번호 및 원산지를 기재) 제출, 확인받아야 함

→ 즉 HS번호 '1506.00-9000'의 경우 통관 시 일반적인 관세법 수입신고 외에 가축전염병 예방법에 의한 검역 및 화장품법에 의한 표준통관예정보고 신고 필수이나, 야생동물보호 및 관리에 관한 법률을 살펴보아야 합니다. 그중 통합공고 별표 6에 게기된 CITES 규제대상품목은 유역환경청장 또는 지방환경청장의 허가를 받아 수입할 수 있습니다.

구분	종
말과 Equidae	몽고야생나귀 Equus hemionus hemionus
말과 Equidae	몽고야생말 Equus przewalskii

별표 6

→ 또한 가축전염병예방법 관련 아래와 같습니다.

제32조(수입금지)

① 다음 각 호의 어느 하나에 해당하는 물건은 수입하지 못한다.

1. 농림축산식품부장관이 지정·고시하는 수입금지지역에서 생산 또는 발송 되었거나 그 지역을 경유한 지정검역물

(고시) 지정검역물의 수입금지지역

별표 1. 지정검역물별 수입금지지역
  3. 동물의 생산물중 육류 이외 생산물

구분	수입금지 지역
가. 원유	미국·캐나다·호주·뉴질랜드·덴마크·스웨덴·핀란드 이외의 지역

→ <u>귀사에서 수입 예정 물품이 '원유</u>(살균 또는 멸균 등의 작업 <u>이 이루어지지 않은 것)'에 해당할 경우 몽골로부터 수입은 수입</u>

여기는 동행 관세사무소 서초 캠퍼스입니다

<u>금지입니다.</u>

4. 화장품법 대상 검토

1) 화장품법 제8조(화장품 안전기준 등) (필요 부분만 발췌)

> ① 식품의약품안전처장은 화장품의 제조 등에 사용할 수 없는 원료를 지정하여 고시하여야 한다.
> ② 식품의약품안전처장은 살균 보존제, 색소, 자외선차단제 등과 같이 특별히 사용상의 제한이 필요한 원료에 대하여는 그 사용기준을 지정하여 고시하여야 하며, 사용기준이 지정·고시된 원료 외의 살균보존제, 색소, 자외선차단제 등은 사용할 수 없다.
>
> - 이하 생략 -

2) 화장품 안전기준 등에 관한 규정 제3조 및 제4조

>

제3조(사용할 수 없는 원료)

>
> 화장품에 사용할 수 없는 원료는 별표 1과 같다.
>
>

제4조(사용상의 제한이 필요한 원료에 대한 사용기준)

>
> 화장품에 사용상의 제한이 필요한 원료 및 그 사용기준은 별표 2와 같으며, 별표 2의 원료 외의 살균·보존제, 자외선 차단제 등은 사용할 수 없다.

3) 수입 시 통합공고에 의한 화장품 원료 표준통관예정보고 관련하여 귀사에서 수입 예정 물품인 '말 기름'은 본 물품이 화장품 원료로 사용되는 것이기에 표준통관예정 보고 대상입니다.

통합공고 제33조(의약품등, 의료기기 및 화장품의 통관절차) (필요 부분만 발췌)

② 화장품(원료포함)을 수입하여 유통·판매하려는 자는 한국의약품수출입협회장에게 전자문서교환방식에 의한 표준통관예정보고서를 제출하고 통관하여야 한다.

→ 대한화장품협회, 한국의약품수출입협회 또는 화장품 수입 관련 컨설팅 업체 등에 의거 수입 가능 여부 및 표준통관예정보고 진행하여야 합니다.

□ **관련 법령**

가축전염병예방법
지정검역물의 수입금지지역 (고시)
화장품법
통합공고
통일상품명 및 부호체계에 관한 국제협약과 그 부속서 등

수출입 통관 항목에서의 '결제방법 부호' 및 '결제시기'의 이해 등

□ 질의 요지

귀사에서 수출입 통관 항목에서의 '결제방법 부호'에 대하여 질의하셨고 그에 따른 결제시기 표현에 대하여 문의하셨습니다. 당사에서는 귀사에서 제공한 정보만을 가지고 검토하였습니다.

□ 검토 의견

1. 수출입 통관 항목에서의 '결제방법 부호' 정리

 ※ 수출입 통관 진행할 경우 여러 가지 항목을 입력하는데 그 중 '결제방법 부호' 정리합니다. 즉 관세청(세관)으로의 수출

입 통관時 아래의 기호 중 하나를 선택하여 입력합니다.

기호	구분
LS	일람출급 L/C (Letter of Credit, 신용장)
LU	기한부 L/C (Letter of Credit, 신용장)
DA	D/A (Documents against Acceptance, 추심 인수인도조건)
DP	D/P (Documents against Payment, 추심 지급인도조건)
CD	상품인도결제방식(COD) 또는 서류인도결제방식(CAD)
TT	단순송금방식으로 전신송금환방식(T/T) 또는 우편송금환방식(M/T)
LH	분할영수(지급)방식
PT	임가공지급방식의 위탁(수탁)가공무역(Processing Trade)
WK	계좌이체(상호계산방식)
GO	기타 유상(위탁판매포함)
GN	무상거래

2. 대금결제시기

구분
선지급
동시지급
후지급

귀사에서 언급하신 T/T(Telegraphic Transfer)의 정의는 아래와

같습니다.

전신환송금으로 수입대금의 지급을 은행을 통해 전신 또는 텔렉스를 이용하여 송금하는 방식을 말한다. 계좌로 송금을 받을 수 있기 때문에 매우 편리하고 간편한 방법이다. 최근에는 업체 간 믿음과 신뢰가 높아지고 장기공급의 수출 비중이 높아지면서 신용장(L/C)방식이 줄고 송금방식(T/T)이 확대되고 있는 추세다[4].

즉 T/T의 결제방법으로 업무를 진행할 경우에도 물품이 선적 또는 인도되기 前 또는 後에 따른 지급하는 시점에 따라 결제시기가 구분됩니다. (선지급 또는 후지급)

3. 매매계약서상 구체적으로 결제방법 및 결제시기 기재

1) 양 당사자間의 국제매매계약서에는 아래와 같이 여러 조건이 언급됩니다.

품질조건	수량조건	대금결제조건	가격조건
포장조건	선적조건	보험조건	분쟁해결조항

---

4) 네이버 지식백과

2) 귀사에서 언급하신 '판매가 이루어진 후 2주마다 관련 비용을 제하
   고 정산을 받는 시스템의 결제방식' 부분은 인보이스(Invoice)上에
   표현이 안 되어도 국제매매계약서에 표현이 되는 것이 좋습니다.

---

within 2 weeks after buyer's selling date

□ **관련 법령**

무역통계부호 책
네이버 지식백과 등

여기는 동행 관세사무소 서초 캠퍼스입니다

(FTA, 2021.2.17. 작성)
원산지증명서 사후적용 관련 이슈사항 정리

□ 질의 요지

귀사 ○○와 당사 間의 수입신고 업무를 진행함에 있어서 원산지증명서 사후적용 관련 이슈 사항 정리하여 드립니다.

□ 검토 의견

1. 사실관계

구분	내용
1	○○의 수입물품을 당사에서 수입신고 진행
2	수입신고 진행 시 한-중 FTA C/O 적용 건(약 ○○%) 및 미적용 건(약 ○○%) 발생
3	한-중 FTA C/O 미적용 건에 대하여 추후 사후적용 신청
4	위 '3'에 대한 사후적용 신청 시기의 이슈 사항 발생

→ 위 사실관계는 현 상황에서 당사가 정리한 사실관계입니다. 사실관계가 위와 다를 경우 당사로 회신하여 주시기 바랍니다.

2. ○○의 징수형태(월별납부) 이해

관세법 제9조(관세의 납부기한 등)

① 관세의 납부기한은 이 법에서 달리 규정하는 경우를 제외하고는 다음 각 호의 구분에 따른다.

1. 제38조제1항에 따른 납세신고를 한 경우: 납세신고 수리일부터 15일 이내
2. 제39조제3항에 따른 납부고지를 한 경우: 납부고지를 받은 날부터 15일 이내
3. 제253조제1항에 따른 수입신고전 즉시반출신고를 한 경우: 수입신고일부터 15일 이내

② 납세의무자는 제1항에도 불구하고 수입신고가 수리되기 전에 해당 세액을 납부할 수 있다.

③ 세관장은 납세실적 등을 고려하여 관세청장이 정하는 요건을 갖춘 성실납세자가 대통령령으로 정하는 바에 따라 신청을 할 때에는 제1항 제1호 및 제3호에도 불구하고 **납부기한이 동일한 달에 속하는 세액에 대하여는 그 기한이 속하는 달의 말일까지 한꺼번에 납부하게 할 수 있다.** 이 경우 세관장은 필요하다고 인정하는 경우에는 납부할 관세에 상당하는 담보를 제공하게 할 수 있다.

월별납부제도 운영에 관한 고시 제2조(정의) (필요 부분만 발췌)

② **"월별납부업체"**란 「관세법시행령」제1조의5제1항 및 제2항에 따라 세관

여기는 동행 관세사무소 서초 캠퍼스입니다

장으로부터 납부기한이 동일한 달에 속하는 세액을 일괄하여 말일까지 납부(이하 "월별납부"라 한다.)를 할 수 있도록 승인받은 사업자를 말한다.

월별납부제도 운영에 관한 고시 제15조(월별납부서의 작성시기 등)
(필요 부분만 발췌)

① 월별납부업체는 **납부기한이 동일한 달에 속하는 납세신고 수리 건에 대하여 다음 각 호에서 정하는 날에 전산시스템에서 일괄하여 부여한 납부서 번호 및 세액을 기재한 월별납부서를 작성**한다.

1. 당월의 말일이 31일인 경우 : 당월 17일
2. 당월의 말일이 30일인 경우 : 당월 16일
3. 당월의 말일이 29일인 경우 : 당월 15일
4. 당월의 말일이 28일인 경우 : 당월 14일

OO는 관세법 및 월별납부제도 운영에 관한 고시에 의거
월별납부업체로서 승인을 득하였습니다.
월별납부업체는 수입신고 징수형태 중에서
가장 수입업체 친화적 입장(세금의 납부기한 최장 및 편의성 등 제공)의
징수형태입니다.

예를 들어 3월 16일에 수입신고한 건은
3월 31일이 관세법 제9조 제1항 제1호에 의거
관세의 납부기한이나 월별납부업체의 경우 당월(3월)의 말일이 31일이기에
3월 17일에 월별납부서가 작성되고
3월 31일까지 납부하여야 합니다.

또 다른 예를 들어 3월 17일에 수입신고한 건은
4월 1일이 관세법 제9조 제1항 제1호에 의거 관세의 납부기한이나
월별납부업체의 경우 당월(4월)의 말일이 30일이기에 4월 16일에 월별납부서가
작성되고 4월 30일까지 납부하여야 합니다.

3. 한-중 FTA C/O 미적용 건에 대한 사후적용 신청과 월별납부 間의 관계

관세법 제38조(신고납부) (필요 부분만 발췌)

④ 납세의무자는 납세신고한 세액을 납부하기 전에 그 세액이 과부족(過不足) 하다는 것을 알게 되었을 때에는 납세신고한 세액을 정정할 수 있다. 이 경우 납부기한은 당초의 납부기한(제9조에 따른 납부기한을 말한다)으로 한다.

관세법 제38조의3(수정 및 경정) (필요 부분만 발췌)

② 납세의무자는 신고납부한 세액이 과다한 것을 알게 되었을 때에는 최초로 납세신고를 한 날부터 5년 이내에 대통령령으로 정하는 바에 따라 신고한 세액의 경정을 세관장에게 청구할 수 있다.

④ 세관장은 제2항 또는 제3항에 따른 경정의 청구를 받은 날부터 2개월 이내에 세액을 경정하거나 경정하여야 할 이유가 없다는 뜻을 그 청구를 한 자에게 통지하여야 한다.

OO의 납세신고 수리 건에 대하여
원산지증명서 사후적용을 위하여 신청하는 경우
아래의 2가지 경우로 생각할 수 있습니다.

1. OO의 징수형태는 '43', 즉 월별납부입니다.
월별납부업체로서 승인을 받았기에
월별납부제도 운영에 관한 고시 제15조 등에 의거
납부기한이 설정됩니다.
이 경우 납부고지서 발급 후
관세법 제38조의3에 의거 신고납부한 세액이
한-중 FTA C/O 미적용되어
그 세액이 과다하다는 것을 알고 사후적용 신청하여
세관장은 2개월 이내에 세액을 경정합니다.
실무적으로는 1개월 15일 정도 소요되며

여기는 동행 관세사무소 서초 캠퍼스입니다

그 이후 과오납 환급 신청하여 약 2주 후 환급됩니다.

→ 이 프로세스가 현재 당사가 업무 진행하는 프로세스입니다.

2. 관세법 제38조 제4항에 의거 납세신고한 세액을
납부하기 전에 그 세액이 과다하다는 것을 알게 되었을 때에는
납세신고한 세액을 정정할 수 있습니다.
이 경우 세액정정의 처리기한은 '즉시'입니다.

→ 이 프로세스를 시도한 사례가 있으나 '기각' 및
담당 행정관님의 지도를 받은 적이 있습니다.

당사가 판단하기에
'기각'의 경우 OO의 오류점수 및 법규준수도에 영향이 크며,
담당 행정관님의 월별납부업체의 전산시스템 재반영 그리고
신고납부한 세액을 경정청구한 경우
처리기한이 2개월 이내이며,
세액 정정의 경우 '즉시'이기 때문입니다.

법규준수도의 개념

○ 수출입관련 법령(관세법, 환급특례법, FTA 특례법, 대외무역법, 외국환거래
법 등)에 따라 세관업무와 관련한 각종 신고·제출·납부·이행 등 법정사항에
대한 준수정도와 관세정책에 대한 참여정도 등을 고려하여 평가한 점수

○ 평가 대상기간 및 평가 시기 : 최근 2년(8분기) / 매분기

○ 관련 규정 : 통합 법규준수도 평가와 운영에 관한 시행세칙

	법규준수도의 구성

구분	내용
만점 (100점)	신고 정확도 점수 - 중요사항위반 평가점수 + 관세협력도 평가 점수
신고 정확도 점수	수출입관련 법령 등에 따라 세관에 신고·신청·제출·보고한 사항 등에 대한 정확성과 적정성
	99점에서 각종 업무별 신고행위에 대한 오류(부적정) 비율과 업무별 배점을 곱한 값을 차감하여 산정
중요 사항 위반 평가점수	수출입관련 법령의 위반 또는 불이행 등으로 세액 등의 추가납부, 과태료·과징금·통고처분·벌금 부과, 행정제재 등을 받은 실적
	중요사항위반 건수 또는 금액에 비례하되 50점 범위내에서 산정
관세 협력도 평가점수	관세행정에 대한 협력, 세관업무에 대한 협력 등 실적
	수출입업체는 5점, 관세사는 10점, 기타 물류업체는 7점 범위내에서 산정

4. 향후 개선방안

1. 현재 프로세스 그대로 진행 (OO 내부 부서 間의 업무 조율)
2. 한-중 FTA C/O 미적용 건에 대하여 징수형태 '43(월별납부)'가 아닌 '14(신고사후납부)'로 진행
   → 이 경우 C/O 미적용 건에 대하여 각각 다른 납부고지서 발급 및 납부기한 상이 (OO의 업무 부담 증가)
3. 현재 프로세스 그대로 진행하되 기각 및 담당 행정관님의 지도가 없는 경우 월별 납부고지서 나오기 전에 사후적용 진행 (다만 이 경우 동일 수입신고 건에 대하여 월별납부고지서가 C/O 미적용 건과 적용 건 2개의 고지서가 발생할

여기는 동행 관세사무소 서초 캠퍼스입니다

수 있기에 당사에서 C/O 적용 후의 납부고지서 전달 (기존보다 납부고지서
OO 측에 늦게 전달 및 기각 등의 경우법규준수도 등에 영향 미침)

□ **관련 법령**

관세법·시행령·시행규칙
통합 법규준수도 평가와 운영에 관한 시행세칙
월별납부제도 운영에 관한 고시 등

한-EU FTA의 원산지신고문안상 원산지 표기 및 대외무역법상 원산지 표기 관련 내용 정리

귀사에서 이탈리아產 수입 물품에 대한 한-EU FTA의 원산지 신고문안상 원산지 표기 및 대외무역법상 원산지 표기 관련하여 문의하였습니다. 당사에서는 귀사에서 제공한 정보만을 가지고 검토하였습니다.

□ 검토 의견

1. 한-EU FTA의 원산지신고문안 관련

1) 원산지신고문안 예시 : 영어 본

The exporter of the products covered by this document (customs authorisation No '인증수출자번호'①) declares that, except where otherwise clearly indicated, these products are of '제품의 원산지'② preferential origin.

'장소 및 일자'③
수출자 또는 신고서 작성자의 성명 및 서명④

2) 원산지신고문안에 작성하는 원산지 표기 인정범위(한-EU FTA 집행에 관한 지침 2.6.)

- 협정문에 있는 당사자명 (예) THE FEDERAL REPUBLIC OF GERMANY, THE EUROPEAN UNION
- 국제적으로 통용되는 국가명 (예) Greece, England, Scotland, Wales
- 당사자 국가의 ISO 코드 (예) GR, GB, DE, IT
- 'EU' 표기, 'EC' 및 'European Community' 표기
- 원산지가 영국인 제품 : 'UK' 표기 (협정문상 표기된 약어)
- 당사국의 형용사 표기
  (예) Danish, German, Italian, French
- EU측 각 당사자 언어 협정문에 표현된 'EU' 표기

언어 종류	'EU' 표기 (원어)	약어표기
스페인	Unión Europea	
프랑스	l'Union européenne	
이탈리아	dell'Unione europea	
폴란드	Unii Europejskiej	'UE'
포르투칼	União Europeia	
루마니아	Uniunii Europene	
말타	tal-Unjoni Ewropea	

라트비아	Eiropas Savienības	'ES'
리투아니아	Europos SąWjungos	
그리스	Ευρωπαϊκής Ένωσης	'EE'
불가리아	Европейския съюз	'EC'

3) 추가적인 원산지신고문안에 작성하는 원산지 표기 인정범위

- 안도라 공국을 원산지로 하는 제품(HS 25류~97류)과 산마리노 공화국을 원산지로 하는 제품도 인정
  ※ 안도라 공국 : ANDORRA(ISO 코드 : AD) / 산마리노 공화국 : SAN MARINO(ISO 코드 : SM)

- 유럽연합당사자(EU)'에는 세우타 및 멜리야(Ceuta and Meilia)가 포함되지 않으므로 세우타 및 멜리야 원산지 제품이 포함되었을 경우 'EU'로 표기하는 것은 인정불가

- 이 경우 'Ceuta and Meilia' 표기도 인정불가, 'CM' 표기만 인정

4) 원산지표기 이외에 다른 문구가 추가로 기재되어 있는 경우

- '원산지표기'가 명확하게 표시되어 있으면, 다른 문구가 추가로 기재되어 있는 경우에도 인정
  (예) EEC/Germany, Europe/FR/EU

여기는 동행 관세사무소 서초 캠퍼스입니다

5) 수출물품의 원산지가 EU역내 다수인 경우의 원산지신고서

- 원산지가 EU역내 여러 국가인 물품을 (인증)수출자가 수출하는 경우, 원산지
  신고서 문안의 원산지란에 'EU' 또는 'EC'로 기재하거나 각각의 원산지를 기재
  하면 적용 가능

6) 원산지제품과 비원산지제품이 하나의 원산지신고서에 혼재된
   경우

- '제품의 원산지' 표기란에는 원산지제품의 원산지를 표기, 비원산지 제품은 구
  분될 수 있도록 해당서류에 달리 명확하게 표기
  ※ 구분표기하는 방법은 제한 없음

2. 원산지제도 운영에 관한 고시上 원산지 표기 관련

제8조(원산지 국가명 표기)

「대외무역관리규정」제76조제1항 및 제6항에 따른 원산지국명 표기방법의 인
정범위는 다음 각 호와 같다.

1. 영문으로 국가명을 표시하는 경우에는 약어(예: Great Britain을 "Gt
   Britain"으로 표기) 또는 변형된 표기(예: Italy를 "Italie"로 표기)를 표시할 수
   있으나, 국가명 또는 국가명의 형용사적 표현이 다른 단어와 결합되어 특정
   상품의 상표로 최종구매자에게 오인될 우려가 있는 경우(예: Brazil Nuts)에
   는 원산지표시로 인정하지 아니한다.

2. 식민지 및 국가로부터 자치권을 행사하는 특별구역은 별도의 원산지국가로 표시하여야 한다. (예: Hong Kong, Macao, Guam, Samoa Islands, Virgin Islands)

3. 각각의 개별 국가가 아닌 지역·경제적연합체는 이를 원산지로 표시할 수 없다. (예: EU, NAFTA, ASEAN, MERCOSUR, COMESA)

4. 최종구매자가 수입 물품의 원산지를 오인할 우려가 없는 경우에는 통상적으로 널리 사용되고 있는 국가명이나 지역명 등을 사용하여 원산지를 표시할 수 있다. (예: United States of America를 USA 또는 US 또는 America로, Switzerland를 Swiss.로, Netherlands를 Holland로, United Kingdom of Great Britain and Northern Ireland를 UK 또는 GB로, UK의 England, Scotland, Wales, Northern Ireland)

5. 국제관행상 국가명만 표시하는 것으로 인정되는 물품의 경우에는 국가명만 표시할 수 있다. (예: 시계, 볼펜, 사인펜, 연필, 색연필 등)

6. 국제상거래 관행상 정착된 표시방법은 적정한 원산지표시로 인정할 수 있다. (예: "Manufactured by 물품 제조자 회사명,주소,국가명", "Manufactured in 국가명", "Produced in 국가명", "국가명 Made", "Country of Origin : 국가명")

3. 귀사에서 이탈리아産 수입 물품에 대한 원산지 표기 관련하여

1) 한-EU FTA의 원산지신고문안상 원산지 표기에서 위 1. 2)에서 살펴본 바와 같이 'EU' 표기가 가능합니다.

2) 아래의 화면은 통관 프로그램상 '협정관세 적용신청서' 中 '원산지' 입력하는 부분입니다. 화면上 'EU'를 클릭하면 제어 부분에 '협정관세신청서에서만 사용가능'이라고 표기됩니다.

여기는 동행 관세사무소 서초 캠퍼스입니다

3) 즉 다시 말하면 협정관세 적용신청서가 아닌 수입신고서上 '원산지' 입력하는 부분에는 'EU'를 입력하지 못합니다. 각 원산지인 개별 국가의 코드를 입력하여야 합니다.

4) 수입신고서의 입력에서 '원산지' 부분은 대외무역법에 따르기 때문에 그와 관련된 고시인 위 2에서 살펴본 바와 같이 'EU'표기 불가능합니다.

4. 귀사에서 이탈리아産 수입 물품에 대한 한-EU FTA의 원산지신고문안상 원산지 표기는 'EU'로 작성되어 한-EU FTA 원산지신고문안 및 협정관세신청서 작성에는 이상이 없습니다. 다만 수입신고서上에는 원산지인 개별 국가의 코드를 입력하여야 하기에 관세사와의 원활하고 빠른 통관 진행을 위하여 인보이스(Invoice)상에 물품에 대한 원산지인 개별 국가의 코드 입력을 권유합니다.

□ **관련 법령**

대외무역법·시행령
대외무역관리규정
원산지 제도 운영에 관한 고시

여기는 동행 관세사무소 서초 캠퍼스입니다

(관세환급, 2018.6.29. 작성)
관세환급 관련 검토

귀사에서 관세환급 관련 검토를 의뢰하였습니다. 일본에서 물품(A)를 수입한 후 내국물품(B)와 제조·가공 후 생성한 물품(C)을 중국으로 수출하는 경우입니다. 아래의 2가지 경우로 가정합니다.

구분	내용
가정 1	제조자와 수출자가 다른 경우 (다시 말해 이 경우는 물품(A)와 내국물품(B)를 합쳐 제조·가공한 업체가 생성한 물품(C)를 수출자에게 양도하는 경우)
가정 2	물품(A)와 내국물품(B)를 합쳐 제조·가공한 업체와 수출자가 동일한 경우

'가정 1'의 경우 업무 이동 경로는 '수입업체(제조·가공업체) → 수출업체 → 해외업체'입니다. 이 경우 제조사 또는 수출자 환급 및 국내 공급 시 관세 포함 공급 또는 미포함 공급 등에 대한 관세환급 검토를 의뢰하였습니다. 간이정액환급이 아닌 개

별환급의 경우로 서술합니다. 당사에서는 귀사에서 제공한 정보만을 가지고 검토하였습니다.

위의 가정 1 또는 2와 다른 경우 당사로 문의하여 주시기 바랍니다.

□ **검토 의견**

1. 수출신고서上 관세환급 관련 입력 부분

구분	내용
제조자 정보	제조자 코드, 통관부호, 제조 장소, 지역코드, 산업단지부호
환급신청인	1 : 수출대행자/수출화주, 2 : 제조자

※ 환급신청의 경우에 맞게 수출신고서上의 정보는 입력합니다.

여기는 동행 관세사무소 서초 캠퍼스입니다

2. 국내 공급 시 관세 포함 또는 미포함 공급 관련

1) 거래 상황

> 수입업체가 완성품(수출품) 생산 시 필요한 원재료 직접 수입(관세 납부)하고
> 물품(C) 생산 후 국내업체로 판매

2) 수입원재료를 제조·가공 후 양도하는 경우

(1) 기초원재료납세증명서의 정의(필요 부분만 발췌)

> **환급특례법 제12조(기초원재료납세증명 등)**
>
> ① 세관장은 수출용원재료가 내국신용장등에 의하여 거래된 경우 관세 등의 환급업무를 효율적으로 수행하기 위하여 대통령령으로 정하는 바에 따라 **제조·가공 후 거래된 수출용원재료에 대한 납부세액을 증명하는 서류(이하 "기초원재료납세증명서"라 한다)를 발급하거나** 수입된 상태 그대로 거래된 수출용원재료에 대한 납부세액을 증명하는 서류(이하 "수입세액분할증명서"라 한다)를 발급할 수 있다.
>
> 수출용원재료에 대한 관세 등 환급사무처리에 관한 고시 제2조(정의)
>
> 2. "기초원재료납세증명서"(이하 "기납증"이라 한다)란 **내국신용장등에 의하여 공급된 수출용원재료의 납부세액을 증명한 서류**로서, 환급특례법 제12조제1항의 "기초원재료납세증명서"를 말한다.

(2) 제조·가공업체가 국내업체에게 공급 시 경우의 수

구분	내용
기납증 발행을 한 경우	납부세액을 증명한 기납증을 발행하여 국내업체에게 공급 국내업체는 추후 수출 시 기납증 세액을 환급 신청 제조·가공업체가 국내업체에게 공급 시 판매 공급가에 관세금액 포함 일반적
기납증 발행을 하지 않은 경우	납부세액을 증명한 기납증을 발행하지 않고 국내업체에게 공급 제조·가공업체가 추후 국내업체 수출 후 수출신고필증 전달받아 환급 신청 이 경우 국내업체의 수출금액이 제조·가공업체로 노출됨 제조·가공업체가 국내업체에게 공급 시 판매 공급가에 관세금액 미포 함 일반적(추후 환급을 받을 것이기에 미포함)

3. 관세환급 요건 충족 체크

구분	요건 (근거 규정, 필요부분만 발췌)
환급대상 원재료	1. 수출물품을 생산한 경우: 다음 각 목의 어느 하나에 해당하는 것 　으로서 소요량을 객관적으로 계산할 수 있는 것(환급특례법 제3 　조제1항제1호) 　가. 해당 수출물품에 물리적 또는 화학적으로 결합되는 물품 　나. 해당 수출물품을 생산하는 공정에 투입되어 소모되는 물품. 　　다만, 수출물품 생산용 기계·기구 등의 작동 및 유지를 위한 　　물품 등 수출물품의 생산에 간접적으로 투입되어 소모되는 　　물품은 제외한다. 　다. 해당 수출물품의 포장용품
환급대상 수출	관세법에 따라 수출신고가 수리된 수출 (원칙 유상) (환급특례법 제4조)

수출 이행기간	수출신고를 수리한 날이 속하는 달의 말일부터 소급하여 2년 이내에 수입된 해당 물품의 수출용원재료에 대한 관세 등을 환급(환급특례법 제9조)
환급청구권	수출신고수리일부터 2년 이내에 환급신청 (환급특례법 제14조)

4. '가정 2'의 경우 제조·가공한 업체와 수출자가 동일한 경우이
   므로 일본에서 수입한 물품(B)의 수입신고필증을 직접 사용
   하여 환급 신청하면 됩니다.

□ **관련 법령**

　수출용 원재료에 대한 관세 등 환급에 관한 특례법·시행령·
시행규칙
　수출용원재료에 대한 관세 등 환급사무처리에 관한 고시
　사례중심 알기쉬운 관세환급실무(윤철수·이상학 공저 / 한국관
세무역개발원 출판) 등

관세환급 관련 문의 내용 검토

귀사에서 관세환급 관련 내용에 대하여 검토를 의뢰하였습니다. 당사에서는 귀사에서 제공한 정보만을 가지고 검토하였습니다.

■ 수입업체가 국내업체에게 공급 시 경우의 수

구분	내용
분증 발행을 한 경우	납부세액을 증명한 분증을 발행하여 국내업체에게 공급 국내업체는 추후 수출 시 분증 세액을 환급 신청 수입업체가 국내업체에게 공급 시 판매 공급가에 관세금액 포함 일반적
분증 발행을 하지 않은 경우	납부세액을 증명한 분증을 발행하지 않고 국내업체에게 공급 수입업체가 국내업체에게 공급 시 판매 공급가에 관세금액 포함을 하면 분증 발행이 되지 않는 경우 국내업체 손해

■ 결론

> 수입업체와 국내업체 間의 거래에서
> 국내업체가 수입업체에게 분증 발급 사유가 되면
> 분증 발급 요청을 하는 것이 당연합니다.
> 이 경우 분증 발행을 한 경우에 해당하므로
> 판매 공급가에 관세금액이 포함되는 것이 일반적입니다.

□ 관련 법령

수출용 원재료에 대한 관세 등 환급에 관한 특례법·시행령·시행규칙

수출용원재료에 대한 관세 등 환급사무처리에 관한 고시

사례중심 알기쉬운 관세환급실무(윤철수·이상학 공저 / 한국관세무역개발원 출판) 등

관세환급 관련 문의 내용 검토

□ 질의 요지

귀사에서 관세환급 관련 내용에 대하여 검토를 의뢰하였습니다. 당사에서는 귀사에서 제공한 정보만을 가지고 검토하였습니다.

□ 거래 관계

구분	내용
1	'O'사(수출자)는 'N'사로부터 기납증을 발행받아 환급신청
2	'N'사는 기납증 발급시 소요량 적용 오류로 인하여 세관으로부터 추징을 받음
3	'N'사는 소요량 재산정하여 기납증 재발행
4	'N'사는 'O'사에게 추가 환급신청 요청

→ 위 거래 관계는 주신 정보를 가지고 당사가 정리한 거래 관계입니다. 사실관계가 위와 다를 경우 당사로 회신하여 주시기 바랍니다.

□ 검토 의견

1. 수출신고서上 관세환급 관련 입력 부분

구분	내용
제조자 정보	제조자 코드, 통관부호, 제조 장소, 지역코드, 산업단지부호
환급신청인	**1 : 수출화주**, 2 : 제조자

→ 'O'사가 수출자로서 환급 신청하였습니다.

2. 국내 공급 시 관세 포함 또는 미포함 공급 관련

1) 거래 상황

'N'사가 완성품(수출품) 생산 시 필요한 원재료 직접 수입(관세 납부)하고 물품 (C) 생산 후 국내업체 'O'사로 판매

2) 수입원재료를 제조·가공 후 양도하는 경우

(1) 기초원재료납세증명서의 정의 (필요 부분만 발췌)

환급특례법 제12조(기초원재료납세증명 등)

① 세관장은 수출용원재료가 내국신용장등에 의하여 거래된 경우 관세 등의 환급업무를 효율적으로 수행하기 위하여 대통령령으로 정하는 바에 따라 **제조·가공 후 거래된 수출용원재료에 대한 납부세액을 증명하는 서류(이하 "기초원재료납세증명서"라 한다)를 발급하거나** 수입된 상태 그대로 거래된 수출용원재료에 대한 납부세액을 증명하는 서류(이하 "수입세액분할증명서"라 한다)를 발급할 수 있다.

수출용원재료에 대한 관세 등 환급사무처리에 관한 고시 제2조(정의)

2. "기초원재료납세증명서"(이하 "기납증"이라 한다)란 **내국신용장등에 의하여 공급된 수출용원재료의 납부세액을 증명한 서류**로서, 환급특례법 제12조제1항의 "기초원재료납세증명서"를 말한다.

---

(2) 제조·가공업체가 국내업체에게 공급 시 경우의 수

구분	내용
기납증 발행을 한 경우	납부세액을 증명한 기납증을 발행하여 국내업체에게 공급 국내업체는 추후 수출 시 기납증 세액을 환급 신청 제조·가공업체가 국내업체에게 공급 시 판매 공급가에 관세금액 포함 일반적
기납증 발행을 하지 않은 경우	납부세액을 증명한 기납증을 발행하지 않고 국내업체에게 공급 제조·가공업체가 추후 국내업체 수출 후 수출신고필증 전달받아 환급 신청

여기는 동행 관세사무소 서초 캠퍼스입니다

이 경우 국내업체의 수출금액이 제조·가공업체로 노출됨 제조·가공업체가 국내업체에게 공급 시 판매 공급가에 관세금액 미포함 일반적(추후 환급을 받을 것이기에 미포함)

→ 본 거래 관계는 기납증 발행을 한 경우에 해당합니다.

3. 결론

> 'N'사는 'O'사에게 추가 환급신청 요청하였습니다.
>
> 기 발행된 기납증의 관세 부분에 대하여 추징되었으며,
> 소요량 재산정하여 기납증이 재발행되었습니다.
> 재발행한 기납증의 관세 부분에 대하여 환급 진행 가능합니다.
>
> 'N'사는 'O'사가 환급받은 관세 부분에 대하여 추징되었으므로,
> 'O'사가 추가 환급신청하여
> 추징 부분을 보전하기를 원하는 것입니다.
>
> 만약 'O'사가 추가 환급신청을 하지 않을 경우
> 재발행한 기납증의 관세 부분은 환급 포기하는 것입니다.
> ('N'사 입장에서는 추징 금액만 발생한 상황이 되는 것입니다.)
>
> 'O'사 입장에서는 귀책 사유없이
> 추가 환급신청에 대한 부담이 있을 수 있습니다.
> 향후 'N'사와의 거래 관계 그리고
> 'N'사의 세관과의 대응 방향 등을 종합적으로 판단하여
> 추가 환급신청 진행 여부 판단하기를 바랍니다.

□ **관련 법령**

수출용 원재료에 대한 관세 등 환급에 관한 특례법·시행령·시행규칙

수출용원재료에 대한 관세 등 환급사무처리에 관한 고시

사례중심 알기쉬운 관세환급실무(윤철수·이상학 공저 / 한국관세무역개발원 출판) 등

여기는 동행 관세사무소 서초 캠퍼스입니다

관세환급 관련 문의 내용 검토(2)

□ 질의 요지

귀사에서 '2020.2.13.'에 관세환급 관련 문의 내용을 검토 의
뢰하였고 당사 문서 시행 번호 '20200213-001'로 의견서 송부
하였습니다. 이번 문의는 기존 내용에 추가 검토하여 의견서
를 드립니다. 당사에서는 귀사에서 제공한 정보만을 가지고
검토하였습니다.

□ 거래 관계

구분	내용
1	'O'사(수출자)는 'N'사로부터 기납증을 발행받아 환급신청
2	'N'사는 기납증 발급시 소요량 적용 오류로 인하여 세관으로부터 추징을 받음

| 3 | 'N'사는 소요량 재산정하여 기납증 재발행 |
| 4 | 'N'사는 'O'사에게 추가 환급신청 요청 |

→ 위 거래 관계는 주신 정보를 가지고 당사가 정리한 거래 관계입니다. 사실관계가 위와 다를 경우 당사로 회신주시기 바랍니다.

□ **검토 의견**

1. 수출신고서上 관세환급 관련 입력 부분

구분	내용
제조자 정보	제조자 코드, 통관부호, 제조 장소, 지역코드, 산업단지부호
환급신청인	**1 : 수출화주**, 2 : 제조자

→ 'O'사가 수출자로서 환급 신청하였습니다.

2. 국내 공급 시 관세 포함 또는 미포함 공급 관련

1) 거래 상황

> 'N'사가 완성품(수출품) 생산 시 필요한 원재료 직접 수입(관세 납부)하고 물품 (C) 생산 후 국내업체 'O'사로 판매

2) 수입원재료를 제조·가공 후 양도하는 경우

(1) 기초원재료납세증명서의 정의 (필요 부분만 발췌)

환급특례법 제12조(기초원재료납세증명 등)

① 세관장은 수출용원재료가 내국신용장등에 의하여 거래된 경우 관세 등의 환급업무를 효율적으로 수행하기 위하여 대통령령으로 정하는 바에 따라 **제조·가공 후 거래된 수출용원재료에 대한 납부세액을 증명하는 서류(이하 "기초원재료납세증명서"라 한다)를 발급하거나** 수입된 상태 그대로 거래된 수출용원재료에 대한 납부세액을 증명하는 서류(이하 "수입세액분할증명서"라 한다)를 발급할 수 있다.

수출용원재료에 대한 관세 등 환급사무처리에 관한 고시 제2조(정의)

2. "기초원재료납세증명서"(이하 "기납증"이라 한다)란 **내국신용장등에 의하여 공급된 수출용원재료의 납부세액을 증명한 서류**로서, 환급특례법 제12조제1항의 "기초원재료납세증명서"를 말한다.

---

(2) 제조·가공업체가 국내업체에게 공급 시 경우의 수

구분	내용
기납증 발행을 한 경우	납부세액을 증명한 기납증을 발행하여 국내업체에게 공급 국내업체는 추후 수출 시 기납증 세액을 환급 신청 제조·가공업체가 국내업체에게 공급 시 판매 공급가에 관세금액 포함 일반적
기납증 발행을 하지 않은 경우	납부세액을 증명한 기납증을 발행하지 않고 국내업체에게 공급 제조·가공업체가 추후 국내업체 수출 후 수출신고필증 전달받아 환급 신청 이 경우 국내업체의 수출금액이 제조·가공업체로 노출됨 제조·가공업체가 국내업체에게 공급 시 판매 공급가에 관세금액 미포함 일반적(추후 환급을 받을 것이기에 미포함)

→ 본 거래 관계는 기납증 발행을 한 경우에 해당합니다.

3. 결론

'N'사는 'O'사에게 추가 환급신청 요청하였습니다.

기 발행된 기납증의 관세 부분에 대하여 추징되었으며,
소요량 재산정하여 기납증이 재발행되었습니다.
재발행한 기납증의 관세 부분에 대하여 환급 진행 가능합니다.

'N'사는 'O'사가 환급받은 관세 부분에 대하여 추징되었으므로,
'O'사가 추가 환급신청하여 추징 부분을
보전하기를 원하는 것입니다.

여기는 동행 관세사무소 서초 캠퍼스입니다

만약 'O'사가 추가 환급신청을 하지 않을 경우
재발행한 기납증의 관세 부분은 환급 포기하는 것입니다.
('N'사 입장에서는 추징 금액만 발생한 상황이 되는 것입니다.)

'O'사 입장에서는 귀책사유 없이 추가 환급신청에 대한 부담이
있을 수 있습니다.
향후 'N'사와의 거래 관계 그리고 'N'사의 세관과의 대응 방향 등을
종합적으로 판단하여
추가 환급신청 진행 여부 판단하기를 바랍니다.

다시 말해 '수출용원재료에 대한 관세 등 환급사무처리에 관한 고시'
제22조 제1항 제5호에 의거
관세 등의 환급을 받은 물품에 대한 기납증 및 분증의 세액이
일정 사유에 따라 정정된 경우 또는 기납증과 분증이 취하 후 새로 발급된
경우 수출용원재료에 대한 관세 등 환급에 관한
특례법 제14조 제1항 제3호에 의거
'환급금액이나 과다환급금액의 징수 또는 자진신고·납부의 경우
그 사유가 있은 날부터 2년 이내에 환급신청을 **할 수 있다**'라고
명시되어 있습니다.

반드시 하여야 하는 조항이 아니며, '할 수 있다'라는 가능 조항입니다.
다만, 'N'사와 'O'사 間의 계약서 등에 의거
환급신청의 의무 조항이 있는지 살펴보시고 기 언급하였듯이
향후 'N'사와의 거래 관계 그리고 'N'사의 세관과의 대응 방향
(추측건대 세관에서는 추가 환급신청을 예상하고 있을 것입니다.) 등을
종합적으로 판단하여 추가 환급신청 진행 여부 판단하기를 바랍니다.

□ 관련 법령

 수출용 원재료에 대한 관세 등 환급에 관한 특례법·시행령·
시행규칙
 수출용·원재료에 대한 관세 등 환급사무처리에 관한 고시
 사례중심 알기쉬운 관세환급실무(윤철수·이상학 공저 / 한국관
세무역개발원 출판) 등

　　　　　　　여기는 동행 관세사무소 서초 캠퍼스입니다

신고서류의 보관기간 및 당사자 / 자료 등의 제출 요구 근거 법령 관련 검토

□ 질의 요지

귀사에서 신고서류의 보관기간 및 보관당사자 관련 검토를 의뢰하였습니다. 당사에서는 귀사에서 제공한 정보만을 가지고 검토하였습니다.

□ 검토 의견

※ 서류보관 관련 근거 법령

구분	근거 법령
1	관세법
2	자유무역협정의 이행을 위한 관세법의 특례에 관한 법률

1. 관세법상 신고서류의 보관기간

관세법 제12조(신고서류의 보관기간)

이 법에 따라 가격**신고**, 납세**신고**, 수출입**신고**, 반송**신고**, 보세화물반출입**신고**, 보세운송**신고를** 하거나 적하목록을 **제출한 자는** 신고 또는 제출한 자료(신고 필증을 포함한다)를 신고 또는 제출한 날부터 5년의 범위에서 대통령령으로 정하는 기간 동안 보관하여야 한다.

관세법 시행령 제3조(신고서류의 보관기간)

① 법 제12조에서 "대통령령으로 정하는 기간"이란 다음 각 호의 구분에 따른 기간을 말한다.

1. 다음 각 목의 어느 하나에 해당하는 서류: **해당 신고에 대한 수리일부터 5년**

   가. 수입신고필증
   나. 수입거래관련 계약서 또는 이에 갈음하는 서류
   다. 제237조에 따른 지식재산권의 거래에 관련된 계약서 또는 이에 갈음하는 서류
   라. 수입물품 가격결정에 관한 자료

2. 다음 각 목의 어느 하나에 해당하는 서류: **해당 신고에 대한 수리일부터 3년**

   가. 수출신고필증
   나. 반송신고필증
   다. 수출물품·반송물품 가격결정에 관한 자료
   라. 수출거래·반송거래 관련 계약서 또는 이에 갈음하는 서류

3. 다음 각 목의 어느 하나에 해당하는 서류 : **당해 신고에 대한 수리일부터 2년**

   가. 보세화물반출입에 관한 자료

여기는 동행 관세사무소 서초 캠퍼스입니다

나. 적하목록에 관한 자료

다. 보세운송에 관한 자료

② 제1항 각 호의 자료는 관세청장이 정하는 바에 따라 마이크로필름·광디스크 등 자료 전달 및 보관 매체에 의하여 보관할 수 있다.

2. 자유무역협정의 이행을 위한 관세법의 특례에 관한 법률상 원산지증빙서류 등의 보관

자유무역협정의 이행을 위한 관세법의 특례에 관한 법률 제15조(원산지증빙서류 등의 보관)

수입자·수출자 및 생산자는 협정 및 이 법에 따른 원산지의 확인, 협정관세의 적용 등에 필요한 것으로서 원산지증빙서류 등 대통령령으로 정하는 서류를 5년의 범위에서 대통령령으로 정하는 기간(협정에서 정한 기간이 5년을 초과하는 경우에는 그 기간) 동안 보관하여야 한다.

자유무역협정의 이행을 위한 관세법의 특례에 관한 법률 시행령 제10조(보관대상 원산지증빙서류 등)

① 법 제15조에서 "원산지증빙서류 등 대통령령으로 정하는 서류"란 다음 각 호의 구분에 따른 서류를 말한다.

1. **수입자**가 보관하여야 하는 서류

가. 원산지증명서(전자문서를 포함한다) 사본. 다만, 협정에 따라 수입자의 증명 또는 인지에 기초하여 협정관세 적용신청을 하는 경우로서 수출자 또는 생산자로부터 원산지증명서를 발급받지 아니한 경우에는 그 수입물품이 협정관세의 적용대상임을 증명하는 서류를 말한다.

나. 수입신고필증

다. 수입거래 관련 계약서

라. 지식재산권 거래 관련 계약서

마. 수입물품의 과세가격 결정에 관한 자료

바. 수입물품의 국제운송 관련 서류

사. 법 제31조제2항에 따른 사전심사서(이하 "사전심사서"라 한다) 사본 및 사전심사에 필요한 증빙서류(사전심사서를 받은 경우만 해당한다)

2. **수출자**가 보관하여야 하는 서류

가. 체약상대국의 수입자에게 제공한 원산지증명서(전자문서를 포함한다) 사본 및 원산지증명서 발급 신청서류(전자문서를 포함한다) 사본

나. 수출신고필증

다. 해당 물품의 생산에 사용된 원재료의 수입신고필증(수출자의 명의로 수입신고한 경우만 해당한다)

라. 수출거래 관련 계약서

마. 해당 물품 및 원재료의 생산 또는 구입 관련 증빙서류

바. 원가계산서·원재료내역서 및 공정명세서

사. 해당 물품 및 원재료의 출납·재고관리대장

아. 생산자 또는 해당 물품의 생산에 사용된 재료를 공급하거나 생산한 자가 해당 물품의 원산지증명을 위하여 작성한 후 수출자에게 제공한 서류

3. **생산자**가 보관하여야 하는 서류

가. 수출자 또는 체약상대국의 수입자에게 해당 물품의 원산지증명을 위하여 작성·제공한 서류

나. 수출자와의 물품공급계약서

다. 제2호다목 및 마목부터 사목까지의 서류

라. 해당 물품의 생산에 사용된 재료를 공급하거나 생산한 자가 해당 재료의 원산지증명을 위하여 작성한 후 생산자에게 제공한 서류

여기는 동행 관세사무소 서초 캠퍼스입니다

② 법 제15조에서 "대통령령으로 정하는 기간"이란 다음 각 호의 구분에 따른 기간을 말한다.

1. **수입자 : 법 제8조제1항 또는 제9조제1항에 따라 협정관세의 적용을 신청한 날의 다음 날부터 5년**

2. **수출자 및 생산자 : 원산지증명서의 작성일 또는 발급일부터 5년. 다만, 체약상대국이 중국인 경우에는 중국과의 협정 제3.20조에 따라 3년으로 한다.**

③ 제1항 각 호의 구분에 따른 자는 그 구분에 따른 서류를 관세청장이 정하여 고시하는 바에 따라 마이크로필름·광디스크 등 자료전달매체를 이용하여 보관할 수 있다.

3. 보관당사자

구분	내용
관세법	신고를 하거나 제출한 자, 신고를 한 자는 대부분 관세사일 것으로 추정
FTA 특례법	수입자, 수출자, 생산자

4. 자료 등의 제출요구에 대한 근거 법령 (필요 부분만 발췌)

기업심사 운영에 관한 훈령 제38조(자료 등의 제출요구)

③ 세관장은 심사대상자가 정당한 사유없이 심사관련 자료를 제출하지 않거나 심사를 거부 또는 기피하는 경우에는 다음 각 호의 조치를 할 수 있다.

1. 법 제30조 제5항에 따른 거래가격 부인

2. 법 제277조에 따른 과태료 부과
3. 제12조 제2항에 따른 심사기간 연장
4. 제36조 제1항에 따른 심사중지
5. 통고처분 또는 고발·송치 의뢰
6. 수입물품 P/L 정지·검사비율 상향

④ 심사관련 자료의 제출요구는 심사대상자의 업무수행에 지장을 주지 않는 범위에서 하여야 한다.

⑤ 세관장은 심사관련 자료가 제출되었는지를 명확히 할 필요가 있는 경우에는 실지심사가 끝난 후 심사 평가회의 개최 전까지 또는 제3항의 조치를 하기 전까지 심사대상자의 임원이나 대표이사로부터 별지 제27호 서식의 실지심사 자료제출 여부 확인서를 받아야 한다.

□ **관련 법령**

관세법·시행령·시행규칙

자유무역협정의 특례에 관한 법률·시행령·시행규칙

기업심사 운영에 관한 훈령

관세법 해설(도서출판 협동문고, 이종익·최천식·박병목) 등

여기는 동행 관세사무소 서초 캠퍼스입니다

(기타, 2018.7.23. 작성)
UNI-PASS(유니패스)를 통한
법규준수도 조회 방법

귀사에서 UNI-PASS(유니패스)를 통한 법규준수도 조회 방법 검토를 의뢰하였습니다. 당사에서는 귀사에서 제공한 정보만을 가지고 검토하였습니다.

□ 검토 의견

1. 법규준수도

1) 개념

법규준수도의 개념

○ 수출입관련 법령(관세법, 환급특례법, FTA 특례법, 대외무역법, 외국환거래법 등)에 따라 세관업무와 관련한 각종 신고·제출·납부·이행 등 법정사항

에 대한 준수정도와 관세정책에 대한 참여정도 등을 고려하여 평가한 점수

○ 평가 대상기간 및 평가 시기 : 최근 2년(8분기) / 매분기

○ 관련 규정 : 통합 법규준수도 평가와 운영에 관한 시행세칙

2) 구성

구분	내용
만점 (100점)	신고 정확도 점수 - 중요사항위반 평가점수 + 관세협력도 평가 점수
신고 정확도 점수	수출입관련 법령 등에 따라 세관에 신고·신청·제출·보고한 사항 등에 대한 정확성과 적정성
	99점에서 각종 업무별 신고행위에 대한 오류(부적정) 비율과 업무별 배점을 곱한 값을 차감하여 산정
중요 사항 위반 평가점수	수출입관련 법령의 위반 또는 불이행 등으로 세액 등의 추가납부, 과태료·과징금·통고처분·벌금 부과, 행정제재 등을 받은 실적
	중요사항위반 건수 또는 금액에 비례하되 50점 범위내에서 산정
관세 협력도 평가점수	관세행정에 대한 협력, 세관업무에 대한 협력 등 실적
	수출입업체는 5점, 관세사는 10점, 기타 물류업체는 7점 범위내에서 산정

여기는 동행 관세사무소 서초 캠퍼스입니다

2. 법규준수도 조회 방법

1) 아래의 표는 법규준수도 조회 방법 순서입니다.

구분	내용
1	검색창에 '유니패스' 입력 이동 (URL : http://unipass.customs.go.kr/csp/index.do)
2	'유니패스' 로그인
3	상단 메뉴 中 '정보 조회' 클릭
4	'정보 조회' 하단 메뉴 中 '법규준수도' 클릭
5	조회 완료

2) 해당 화면

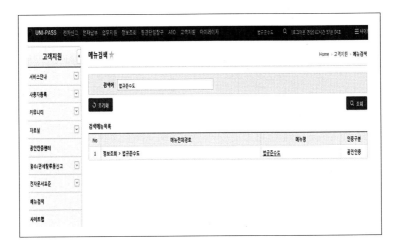

□ **관련 법령**

유니패스 사이트(http://unipass.customs.go.kr/csp/index.do)
통합 법규준수도 평가와 운영에 관한 시행세칙 등

여기는 동행 관세사무소 서초 캠퍼스입니다

글을 마치며

2018년 2월 1일 동행 관세사무소가 설립
되기 전에 작은 탁상액자를 주문 제작하였습니다. 여전히 저
의 책상에 놓여 있습니다. 액자 안의 문구가 초심을 생각하게
합니다.

'도망갈 곳은 없다! 편의점 아르바이트도 재취업도 우리 자
리는 없다.'

지난 저서인 『관세사무소에서 희망을 찾다』의 '글을 마치며'
에 다음과 같은 글을 쓴 적이 있습니다.

다윗이 골리앗을 이기지 못하여도 같은 리그에서 경쟁을 하
고 싶습니다. 또는 마이너리그의 선수가 메이저리그의 팀 소
속으로 올라가서 야구를 하고 싶습니다. 같은 리그에서 뛰어

야만 하기에 포기하고 싶지 않았기에 아날로그적 접근이라도 하여야 했습니다. 아직 같은 리그에 있으며 여전히 같은 리그에 있을 것입니다.

그리고 시간이 흐르고 흘러 2023년 지금 자리에 있습니다.

관세사 업계에서 동행 관세사무소는 매출과 규모 측면에서 여전히 '언더독(Underdog)' 관세사입니다. 대형 관세법인 등과 비교하여 경쟁에서 열세에 있다는 의미입니다. 저는 여전히 『관세사무소에서 희망을 찾다』에서 언급한 교육 진행, 의견서 발송, 제안서 제시, 빌딩 치기 등을 하고 있습니다. 2018년과 비교하여 달라진 점은 신규업체 기준으로 제가 찾아간 업체뿐만 아니라 동행 관세사무소를 먼저 찾아온 업체가 동시에 존재하고 있습니다.

관세사 업계라는 같은 리그에 다윗과 골리앗이 존재하고 있습니다. 비로소 보이는 것들이 있습니다. 어쩌면 다윗과 골리앗은 경쟁자가 아닙니다. 어쩌면 다윗과 골리앗은 공생 관계입니다. 골리앗은 다윗과 경쟁하지 않습니다. 골리앗은 어느 분야에서 법무법인, 회계법인 등과 경쟁하고 있습니다. 골리앗은 선두에서 관세 업무 서비스 분야를 개척 확장하고 있습니다. 물론 다윗과 경쟁하는 골리앗도 있습니다. 다윗은 어떠한가요? 골리앗이 제공하는 관세 업무 서비스를 다윗은 제공

할 수 없을까요? 생각의 한계입니다. 생각의 한계는 현재의 안
주입니다. 동행 관세사무소는 또 힘들고 어렵지만 의식하며
노력하고 있습니다. 이러한 이유가 이제는 동행 관세사무소가
규모는 작지만 그릇은 작다고 생각하지 않는 것입니다. 회의
를 통해 또 다른 업무공유를 하며 아이디어를 제시하며 또 다
른 제안서를 만들고 있습니다.

마무리하겠습니다.

〈글을 시작하며〉 부분에서 언급하였듯이 추후에 기회가 된
다면 『관세사무소에서 희망을 찾다』 그 이후 이야기를 출판하
고 싶습니다.

본서가 많은 분들에게 관세&무역을 바라보는 시각을 달리
하고 업무의 귀감이 되기를 바랍니다.

관세사자격시험 관련 수험서가 아닌 새로운 형식의 관세&
무역 관련 책을 앞으로도 많이 쓰고 싶습니다.

인사하겠습니다.

돌이켜 보면 저는 사업의 이유로 스스로 멈추지 않았습니
다. 그것이 가족을 위한 것이라 스스로 생각하였습니다. 가족

과의 시간을 잃었습니다. 가슴이 먹먹하고 아쉬운 부분입니다. 가족에게 미안한 마음을 전합니다. 저의 아내, 아들 그리고 딸 모두 잘 하고 있습니다.

현재 동행 관세사무소의 무대 주인공들에게 큰 박수를 보냅니다. 입사 순서로 기재합니다.

개국공신인 최기석 수석 컨설턴트, 변함없이 묵묵히 뒤에서 챙겨주는 권소영 책임 컨설턴트, 도전과 시도를 즐기는 서정원 책임 컨설턴트(제38회 관세사 시험 합격), 따뜻한 마음과 큰 잠재력을 보이는 최기선 담당 컨설턴트, 동행 관세사무소에 그라데이션 색상을 입힌 이금성 책임 컨설턴트(제36회 관세사 시험 합격)

동행 관세사무소의 무대 조명을 빛나게 만들어주고 항상 관객 매진을 이끌어주시는 주인공들에게 고맙습니다. 감사합니다.

과거에 함께 했던 그리고 미래에 함께하는 컨설턴트 모두 잊지 않겠습니다.

마지막으로 한국무역을 이끄는 동행 관세사무소의 업체와 담당자분들에게 이 책을 바칩니다.

여기는 동행 관세사무소 서초 캠퍼스입니다

여기는 동행 관세사무소 서초 캠퍼스(Campus)입니다.

감사합니다.